灵魂的匠师

92位艺术家的生命风采

（第2卷）

主编 ◎ 王子安

汕头大学出版社

图书在版编目（CIP）数据

灵魂的匠师：92位艺术家的生命风采．第2卷／王子安主编．－－汕头：汕头大学出版社，2012.5（2024.1重印）
ISBN 978-7-5658-0737-4

Ⅰ．①灵… Ⅱ．①王… Ⅲ．①艺术家－生平事迹－世界－青年读物②艺术家－生平事迹－世界－少年读物 Ⅳ．①K815.7-49

中国版本图书馆CIP数据核字（2012）第081473号

灵魂的匠师：92位艺术家的生命风采．第2卷
LINGHUN DE JIANGSHI：92WEI YISHUJIA DE SHENGMING FENGCAI. DI2JUAN

主　　编：	王子安
责任编辑：	胡开祥
责任技编：	黄东生
封面设计：	君阅书装
出版发行：	汕头大学出版社
	广东省汕头市汕头大学内　邮编：515063
电　　话：	0754-82904613
印　　刷：	河北浩润印刷有限公司
开　　本：	710 mm×1000 mm　1/16
印　　张：	12
字　　数：	80千字
版　　次：	2012年5月第1版
印　　次：	2024年1月第2次印刷
定　　价：	55.00元

ISBN 978-7-5658-0737-4

版权所有，翻版必究
如发现印装质量问题，请与承印厂联系退换

前　言

自古以来,中华民族即具有以"圣人立言、家祖立训"的方式来育子、治家的传统。我们的祖先通过编写包含历代圣哲贤人的经典话语与为人处世的故事,家族祖辈的家法家规与训子语录,从而在"父教子、子教孙"的世代教授、相予中,而着力培养子孙后代的德行品质,在"成事先成人、立业先立德"的道德标榜中,塑造着家族的精神与形象。在中国古代,诸如《大学》、《论语》、《四书》、《五经》、《女儿经》、《弟子规》等等,无一例外的都是一种个人道德修养的必修读物。古人期望通过这些华夏民族经典古籍中所记录的有关圣贤们的言行故事,而从中悟出做人的道理,进而使家族的精神、道德得以世代继承,而保持家族的荣光,或永恒昌富,或由贫而贵。在古代,家如此,国亦如此,无论是公立私塾还是皇家太学,对于古代贤者精英的言行道德学习与模仿,始终是王朝教育的一项重要内容。

历史发展到今日中国,我们的民族已经进入"崇尚发展个人的价值,崇尚民族的整体精神,复兴中华民族悠久历史文化"的时期,一股股国学浪潮正在蓬勃发展。崇文诵典,重新重视"圣人言""圣人书",已逐步得到推广与民众的认可。尤其是对于今日那些身处大众媒体高度发达、信息资源极端丰富背景下的中国青少年来说,他们一方面由于信息的灵便而可以享受到资讯时代的便捷,另一方面也不可避免地会遭遇到成长时的迷茫。对于青少年成长中的"成长迷茫",是可以通过讲述古人的人生故事、才智故事与人生态度,而给予他们以有益的帮助的,因为"榜样的力量是无穷的"。

《灵魂的匠师——92位艺术家的生命风采》共分三卷,按照"生平简介、童年岁月、教育历程、人生故事、婚姻爱情、人生理念"的结构,详细介绍了92位古今中外著名艺术家的点点滴滴。书中精心选取了古今中外92位著名的艺术大师,通过讲述他们的人生历程、人生故事、人生语录与人生理念,给予青少年以人生成长的启示与为人处世的道理。具有很强的知识性、可读性、趣味性,是读者必选的课外读物之一。

当然,在具体到某些个别人物时,由于资料的缺陷而造成编写时并未严格按照"生平简介、童年岁月、教育历程、人生故事、婚姻爱情、人生理念"的结构去编写,一些人物在文献中的资料缺乏,可能造成讲述该人物时,会显得资料单薄。另外,由于编者水平与时间的有限、仓促,使得此书难免会存在一些不足之处,敬请广大青少年读者予以见谅,并给予批评。希望此书能够成为广大青少年读者成长的良师益友,并使青少年读者的思想得到一定程度上的升华。

2012 年 5 月

目　录

吴冠中 ………………………………………………… 1

梅兰芳 ………………………………………………… 7

新凤霞 ………………………………………………… 15

阿　炳 ………………………………………………… 19

刘天华 ………………………………………………… 24

田　汉 ………………………………………………… 32

冼星海 ………………………………………………… 44

聂　耳 ………………………………………………… 57

乔　羽 ………………………………………………… 68

傅庚辰 ………………………………………………… 75

大　卫 ………………………………………………… 80

米开朗琪罗 …………………………………………… 84

达·芬奇 ……………………………………………… 88

拉斐尔 ………………………………………………… 93

高　更	98
梵　高	102
毕加索	110
列　宾	117
罗　丹	121
塞　尚	126
德拉克洛瓦	131
萨金特	135
德　加	140
戈　雅	146
马蒂斯	149
伦勃朗	154
希施金	161
巴　赫	165
贝多芬	169
拉　莫	174
理查·施特劳斯	178
巴尔蒂斯	183

◎ 吴冠中

吴冠中（1919—2010年），别名荼，生于江苏宜兴。1939年，吴冠中于国立艺专期间，酷爱梵高、高更，在画面中喜用大红大紫强烈的色彩，给自己取名"吴荼荼"的笔名，后改为"荼"，专做画面签名。1942年，吴冠中毕业于杭州国立艺术专科学校，曾任教于国立重庆大学建筑系。1946年，考取全国公费留学绘画第一名。1947年，他就读于巴黎国立高等美术学校。

吴冠中

1950年，吴冠中留学归国，任教于中央美术学院。1953年，任清华大学建筑系副教授。1956年，任教于北京艺术学院。1964年，任教于中央工艺美术学院。1979年，当选中国美协常务理事。1991年，法国文化部授予其"法国文艺最高勋位"。1992年，大英博物馆首次为吴冠中举办"吴冠中——二十世纪的中国画家"展览，并郑重收藏了吴冠中的巨幅彩墨新作《小鸟天堂》。1993年，法国巴黎塞纽奇博物馆举办"走向世界——吴冠中油画水墨速写展"。2000年，入选法兰西学院艺术院通讯院士，是首位获此殊荣的中国籍艺术家。

吴冠中在美术创作和美术教育上取得了巨大成就，致力于油画民族化和中国画现代化的探索。先后在新加坡国家博物馆、香港艺术中心、美国旧金山中华文化中心、伯明翰博物馆、堪萨斯大学艺术馆、纽约州圣约翰博物馆及底特律博物馆、大英博物馆、巴黎市立塞纽奇博物馆等举办画展。出版个人画集五十余种，个人文集有《吴冠中谈艺集》《吴冠中散文选》《桥之美》《美丑缘》《生命的风景》《吴冠中文集》等。

人物概述

吴冠中是20世纪现代中国绘画的代表画家之一。他致力于油画民族化和中国画现代化的探索，形成了鲜明的艺术特色，多次在中国美术馆举办个人画展，并先后在香港、新加坡、美国、英国、法国等国的艺术馆和博物馆举办画展。2000年，吴冠中入选法兰西学院艺术院通讯院士，他不仅是首位获此殊荣的中国籍艺术家，也是首位获得这一职位的亚洲人。

吴冠中先生的画综合了西画与中国画之精髓，用笔简练，后期作品常喜以点、线造形，创自己独解，诠释自然之美，人生喻其中，竟如他艰辛磨难的经历，寻味良久……而其所著文章也育人，朴实无做作，可看，所得甚多。同时，吴冠中的作品在拍卖艺术市场上屡创新高；作为其生前最

后一幅公开拍卖的作品，在瀚海 2010 春季拍卖会上，他 1974 年作油画长卷《长江万里图》以 5712 万元人民币成交。其代表作有《长江三峡》《鲁迅的故乡》《春雪》《长城》等。

2010 年 6 月 25 日 23 时 57 分，吴冠中先生因病医治无效，在北京医院逝世，享年 91 岁。

走向世界的中国画家

1993 年 11 月 19 日，巴黎塞纽奇东方艺术博物馆，这个收藏古代传统与当代风格的中国绘画闻名于世的地方，如今正为一位被国际艺坛认定的 20 世纪现代中国画的代表画家举办高层次的艺术性个展，个展的名称是：《走向世界的中国画家——吴冠中油画水墨速写展》。

这次展览由该博物馆馆长主持，中国驻法大使，著名华裔画家，法国诸多艺术家，评论家，博物馆馆长等出席了开幕式。巴黎市市长杰克·希拉克亲自签发了授勋证书，将巴黎市金勋章授予吴冠中。金勋章正面是一艘帆船，拉丁文写着："永不沉没"，背面写着："给吴冠中"。

吴冠中早年留学巴黎，1989 年的美国巡回展、1992 年的英国伦敦展，都并非他的首选，他独钟情于巴黎。从他 1947 年留学巴黎到今天，他足足等了 47 年。国际报刊，佳评如潮。《国际先驱论坛报》艺术主管梅利柯恩先生评论说："吴冠中是中国的梵高，是在有生之年被承认的梵高。1992

年的大英个展将他提升到备受尊崇的高位，他确实是本世纪的大师之一。吴氏代表着重新崛起的一个世间最伟大的艺术流派；西方的现代绘画在他面前相形见绌。"

从1978年开始，吴冠中的作品应邀先后在中国内地、香港、台湾、新加坡、韩国、日本、美国、英国、法国、塞拉利昂、尼日利亚、马里等地巡回展出，受到黄皮肤、白皮肤、黑皮肤观众的普遍欢迎。1989年5月，香港万玉堂举办《吴冠中·万紫千红》个展，开幕前一天观众就排长队等候参观和买画。港报称："排队买楼在香港已司空见惯，排队买画还是第一次发生。"

1989年5月，吴冠中被收藏的墨彩《高昌遗址》在苏富比春季拍卖中以187万港币成交，首创中国在世画家国际画价最高记录。1990年3月，吴冠中被收藏的油画《巴黎蒙马特》在佳士得春季拍卖中以104.5万港币成交，首创中国油画国际画价最高记录。1991年7月，法国文化与联络部授予吴冠中"卿级"文艺最高勋位。

1992年9月，中央电视台拍摄专题片《吴冠中·生命的风景》，吴冠中又回到了他的故乡——宜兴县闸口乡比渠村。乡亲们热情地簇拥着、招呼着、问询着。吴冠中感慨地说："我好些年没回来了。如今白发满头归故园，回顾童年的事，虽可说仿佛昨日，也可谓犹如隔世了。"

艺术成就

吴冠中是20世纪现代中国绘画的杰出代表性画家之一。他为中国现代绘画做出了很大的贡献。长期以来，他不懈地探索东西方绘画两种艺术语言的不同美学观念，坚韧不拔地实践着"油画民族化""中国画现代化"的创作理念，形成了鲜明的艺术特色。他执着地守望着"在祖国、在故乡、在家园、在自己心底"的真切情感，表达了民族和大众的审美需求。吴冠中的作品具有很高的文化品格。

从20世纪80年代开始，他的艺术观念和绘画创作就适应历史发展和时代的需要，推动了中国现代绘画观念的演变和发展。吴冠中在美术创作和美术教育上取得了巨大成就，致力于油画民族化和中国画现代化的探索，在海内外享有很高声誉。多次在中国美术馆和全国十余个主要城市举办个人画展，并先后在新加坡国家博物馆、香港艺术中心、美国旧金山中华文化中心、伯明翰博物馆、堪萨斯大学艺术馆、纽约州圣约翰博物馆及底特律博物馆、大英博物馆、巴黎市立塞纽奇博物馆等举办画展。已出版个人画集50余种、个人文集有《吴冠中谈艺集》《吴冠中散文选》《美丑缘》《生命的风景》《吴冠中文集》等十余种。

吴冠中语录

（1）人生只能有一次选择，我支持向自己认定的方向摸索，遇歧途也不大哭而归，错到底，作为前车之鉴。

（2）画家走到艺术家的很少，大部分是画匠，可以发表作品，为了名利，忙于生存，已经不做学问了，像大家那样下苦工夫的人越来越少。

（3）整个社会都浮躁，刊物、报纸、书籍，打开看看，面目皆是浮躁；画廊济济，展览密集，与其说这是文化繁荣，不如说是为争饭碗而标新立异，哗众唬人，与有感而发的艺术创作之朴素心灵不可同日而语。

（4）艺术发自心灵与灵感，心灵与灵感无处买卖，艺术家本无职业。

（5）怀才就像怀孕。只要怀孕了不怕生不出孩子来，就怕怀不了孕。所以我天天在外面跑，就是希望怀孕。

（6）笔墨等于零：脱离了画面，单独的线条、颜色都是零。笔墨不是程式化的东西。

梅兰芳

梅兰芳（1894—1961年），名澜，字畹华，著名京剧表演艺术家。原籍江苏泰州，生于北京，出身京剧世家。8岁学戏，11岁登台，演青衣，对京剧表演艺术有独创和发展，形成了著名的"梅派"艺术风格。其表演艺术的代表作主要有《宇宙锋》《贵妃醉酒》《霸王别姬》《洛神》《游园惊梦》等。

1931年"九·一八"事变后，梅兰芳编演了《抗金兵》《生死恨》，意在鼓舞人民抗日斗志。在敌伪统治下，梅兰芳蓄须明志，拒绝演出。建国后，任中国京剧院院长、戏曲研究院长、中国文学艺术界联合会副主席、中国戏剧家协会副主席。1959年加入中国共产党。1961年8月8日因病逝世。

梅兰芳

少时刻苦学艺

梅兰芳出生在一个京剧世家。他的祖父梅巧玲是早期京剧的名演员,是演旦角的。父亲梅竹芬也是京剧演员,在梅兰芳四岁那年就去世了。伯父梅雨田是有名的琴师和笛师,为京剧、昆曲伴奏。梅兰芳在长辈的熏陶下,从小就喜欢看戏、听戏。8岁的时候,他开始学戏了,学的也是旦角。男孩子学旦角,扮演女角色,唱、念、做,都要模仿女性,用假嗓唱、假嗓说,这就需要刻苦练习。一开始他的天赋条件并不好,有时候一出戏,老师教了多时,他还没有学会。有一次,一位老师见他学得慢,生气地说:"你不行,祖师爷没给你这碗饭吃!"梅兰芳脸红了。他下决心一定要学出样子来,就用心琢磨、反复学。一段唱,一般唱六七遍就会了,他却要唱二三十遍。

渐渐地,他练出了一条又宽又亮又圆润甜美的好嗓子,唱出来让人特别爱听。成名之后,他有一次又见到最早教过他的老师。老师不好意思地说:"我那时候真是有眼不识泰山啊!""您别这么说。"梅兰芳说,"我受您的益处太多了,当初要不是挨您一顿骂,我还不懂得奋发上进呢!"

梅兰芳小时候,眼睛有点近视,眼皮下垂,眼珠也缺少神气。而旦角在台上的眼神特别重要。怎么办呢?后来他养了几只鸽子。每当鸽子飞起来后,他就用眼睛随着鸽子飞翔而转动,越望越远。这样天长日久,他的

眼睛变得特别有神，直到老年，在舞台上演出，还是光彩照人。有些人总以为梅兰芳的艺术成就是天赋条件好，其实应主要归功于他的刻苦学习，努力钻研。

唱红京剧艺坛

梅兰芳从10岁起就登台演戏了。14岁那年，他搭喜连成的戏班，正式参加演出。"喜连成"后来改名叫"富连成"，是我国最有名的京剧科班，培养了许多京剧名演员，像侯喜瑞、马连良、谭富英等。梅兰芳和这个戏班一起演戏，又学了不少戏，丰富了自己的表演经验。

刚开始演戏，梅兰芳主要是演唱工戏，就是在舞台上以唱为主，像《二进宫》《三娘教子》《祭江》《玉堂春》等。这些戏，只要嗓子好，唱得字正腔圆，都能受欢迎。可是后来，随着清朝灭亡，社会进步了，群众对京剧的要求也高了，不再满足只听唱，而要求看那些有内容、有表演的戏。梅兰芳心想："看来，只演重唱的青衣戏，不能满足要求了。我要把戏路子放宽才好。"于是，他又向老师们学了不少偏重身段、表情和武工的戏，像《穆柯寨》《樊江关》《虹霓关》等，果然受到欢迎。

梅兰芳经常观看同行们的演出，从他们身上学习人家的长处，化为自己所有。昆曲是一种古老又典雅的剧种，具有丰富的表演技巧。梅兰芳就又和前辈艺人学习昆曲，演出《思凡》《春香闹学》《游园惊梦》等名剧，这样，他的演技大大提高。还不到20岁的时候，梅兰芳就在北京唱红了。

后来，梅兰芳到上海演出，也一炮打响。他那甜润大方的唱腔、俊美的扮相和细致的表演，受到观众的赞扬。本来，京剧的旦角戏不如老生戏"吃香"。旦角演员一般唱不了"大轴"戏，就是每场最后的一出。可自从梅兰芳出现之后，旦角戏能唱大轴了。许多人到戏园子看戏，就是为着他来的。梅兰芳的声望超过了前辈人，连当时的"京剧大王"谭鑫培也说："如今胡子（老生带胡子）唱不过旦角啦！"

创立梅派艺术

由于梅兰芳博采众长，打下深厚的艺术功底，把传统剧目演得十分出色，得到了观众的欢迎。但他并不满足。他说："我们要创新，演新戏。""我看了新兴的话剧，话剧的剧目很多是反映现实的。我想京剧也可以这样做。"其中时装戏，就是描写现实生活的戏。因为演员要穿现实生活中的服装上场。在这种戏剧里，京剧传统的表演方法用不上，需要用新的方法演。而且在化装、道具上，男演女的困难更大了。梅兰芳知难而进，很快排练出《孽海波澜》《邓霞姑》《一缕麻》《童女斩蛇》等戏。"京戏也演时装戏啦！"，观众们互相传说着。

梅兰芳为京剧演现代戏开出了一条路，他又集中精力编演古装戏。传统京剧在旦角化妆上存在许多问题，因为大都是男扮女，在发式、服装、

扮相上缺乏女性特点，而且缺少舞蹈，舞台效果差。梅兰芳在朋友们的帮助下，排练了大批新戏。在这些新戏中，他扮演的古代妇女，头饰变了，服装变了，扮相也十分美观。

不仅如此，梅兰芳还为许多角色设计了舞蹈。如《天女散花》中的长绸舞，《霸王别姬》中的剑舞，《西施》里的羽舞，《太真外传》里的盘舞，《嫦娥奔月》里的花镰舞，《廉锦枫》里的刺蚌舞等。从此，载歌载舞，声情并茂，绚丽多彩，成了梅兰芳演戏的突出特点。

梅兰芳还努力学习古典文学。他读过曹植的《洛神赋》以后想："这个故事虽然情节简单，但是很有神话色彩。如果编一出有诗意的歌舞剧演出就好了。"于是，在朋友们的帮助下，京剧《洛神》编出来了。舞台上，梅兰芳扮演的洛神，驾着云雾，身披长纱，宛如天神下凡。在川上相会一场，三层高台上，洛神和众仙女边唱边舞，把观众引入了神话世界，非常精彩。

梅兰芳的新戏，使京剧舞台焕然一新，受到广大群众特别是青年的热烈欢迎。他的名声更大了，因为表演自成一派，被称为"梅派"。1927年，北京《顺天时报》举办京剧旦角评选。梅兰芳与尚小云、程砚秋、荀慧生获前四名。从此，京剧"四大名旦"被载入史册。

把京剧传遍世界

京剧是我国传统戏曲的代表，被称为"国剧"。现在，京剧已被世界

各国人民所知晓，而最先把京剧引向世界的就是梅兰芳。1919年和1924年，梅兰芳两次率剧团到日本演出。日本人过去对中国戏曲不大了解，看了梅兰芳的戏，他们说："京剧不用布景，但演来有声有色，令人钦佩，梅兰芳的表演也是无与伦比的。"

梅兰芳又决定把京剧向西方介绍，自费去美国演出。1929年底，剧团就要出发了。不料动身的前两天，从美国打来电报，说美国现在经济危机，市场不景气，演出恐怕观众少，可以推迟。有的朋友对梅兰芳说："这件事你自己拿主意。如果到美国不上座，你就破产了。"梅兰芳沉思了一会儿说："欢送会已经开过，船票已买好，如果又不去，我的声誉必会一落千丈，我也会情绪低落的。""走，按原计划上船。这是一次冒险，但我必须冒险！"

梅兰芳说完，把电报撕碎扔进壁炉内。他如期在1930年1月到达美国。第一天演出完了，他对在美国讲学的南开中学校长张彭春说："今天的戏，美国人看懂了吗？""看不懂。情节太细了。"梅兰芳激动地说："张先生，请你帮我挑选剧目，一定要让美国人看得懂。如果我的演出失败了，中国的文艺也没有光彩呀！"

在张彭春等人帮助下，梅兰芳果断地改换了剧目，又加强了舞台的布置，突出了东方艺术美。结果，他的演出大获成功。美国人评论说："看了梅兰芳的表演，原来不理解的，懂了。中国戏是艺术的真实，比生活的真实更深刻。"梅兰芳先后到华盛顿、纽约、芝加哥、旧金山、洛杉矶演出，还会见了电影大师卓别林。1935年，梅兰芳又率团访问了前苏联，同样获得成功。

梅兰芳的出国演出，使京剧艺术从此走向了世界。他自己也成为一位有巨大影响的文化使者。许多外国人到中国来旅游，都把见到梅兰芳，看

他的戏当成重要的内容。中国戏园里也出现了外国观众。

蓄须明志只为国

梅兰芳是一位有爱国气节的艺术家。1931年，日本侵略者发动了"九·一八"事变，侵占了东北，然后又向华北进犯，威胁北京和天津。梅兰芳痛恨敌人，为了不当亡国奴，他举家迁到了上海。在上海，他编演了《抗金兵》和《生死恨》两出戏。《抗金兵》讲的是南宋女英雄梁红玉抵抗金军的故事；《生死恨》是讲在敌人的统治下，人民的痛苦生活和反抗精神。这两出表现爱国思想的新戏一上演，就受到观众喜爱。

1937年8月13日，日军在发动"七·七"事变后，又进攻上海，不久就占领了这座大城市。日本人知道梅兰芳是闻名世界的大艺术家，托人要求他在电台播音，为他们的侵略服务。梅兰芳巧妙地说："我马上要到香港和内地巡回演出了，不能做这件事。"不久，他到了香港，演出结束后，就留在了香港。为了摆脱敌人的纠缠，他决定不再露面，不再登台演出，就在家里练唱昆曲。

1941年底，日军攻占了香港。他们知道梅兰芳正在香港，就到处找他。梅兰芳心想："躲是没地方躲了，可我绝不为日本人唱戏！"一天清晨洗脸时，梅兰芳第一次打破惯例，没有刮胡子。儿子见了很奇怪，就问到:"爸爸,您不是每天都刮胡子吗?今天怎么不刮了?""我留了胡子,日本鬼子还能强迫我去演戏吗?"梅兰芳说。

一天上午,日军司令派酒井把梅兰芳接去。一见面,他就假热情地说:"我过去看过您的戏,您还认识我吗?怎么,您留起小胡子了?像您这样一位举世闻名的大艺术家,怎么能刚步入中年就退出舞台呢?"梅兰芳坦然地说:"我已经快50岁了。一个演旦角的,扮相和嗓子都不行了,已经失去了上台的资格。"

后来,梅兰芳又回到上海,靠画画卖钱养活家人和与他一起演出过的朋友。上海日伪政权多次请他出演,都被他拒绝了。他说:"一个人活到100岁也总是要死的,饿死就饿死,没什么大不了的!"一次,日军庆祝"大东亚圣战"一周年,派人让梅兰芳出演,还说如果不演,就要军法处置。梅兰芳事先得到消息,一连打了三次伤寒预防针,高烧不止。日军军医来检查,一看梅兰芳烧得迷迷糊糊,只好走了。

1945年8月15日,传来了日寇投降的消息。梅兰芳高兴地流下了眼泪,笑着对夫人说:"天亮了,这群日本强盗可真完蛋了!"这天只见梅兰芳身穿新衣,精神焕发,手里的一把纸扇遮住了半个脸。梅兰芳笑着说:"抗战胜利了,我就要重返舞台了!"不久,梅兰芳就在上海演出了,观众场场爆满。他们说:"我们就是要看看八年不给日本鬼子唱戏,如今刮了胡子的梅兰芳!"

◎ 新凤霞

新凤霞（1927—1998 年），原名杨淑敏，评剧演员，是青衣、花旦，评剧新派创始人。籍贯江苏，20 世纪 20 年代生于苏州，由人贩卖到天津。新凤霞 6 岁从堂姐学京剧，13 岁拜小五珠为老师，改习评剧，一年后在《点秋香》《花为媒》《杜十娘》等剧中饰主角。1949 年在天桥万盛轩演出了《刘巧团圆》《小二黑结婚》《祥林嫂》等新戏。其后，她又演出了反映评剧艺人苦难生活的《艺海深仇》。新凤霞与剧作家吴祖光结婚后，得到盛家伦的帮助，艺术造诣迅速提高。

新凤霞

新凤霞创立了评剧新派艺术。这种流派的唱腔特点是清新玲珑，善于运用华彩流利的"疙瘩腔"。新凤霞的中底音，圆润纯净，音区宽广。新凤霞创作了《蜻蜓调》《送子调》《凡字大慢板》和《反调大慢板》等评剧。新派是当前流传最广的评剧艺术流派。她的代表剧目主要有《乾坤带》《杨三姐告状》《花为媒》《刘巧儿》《无双传》《凤还巢》《会计姑娘》《三看御妹》等。新凤霞的新派弟子有李红霞、谷文月、刘淑琴、戴月琴、刘秀荣等。新凤霞于1998年因病去世,享年73岁。

新凤霞的艺术成就

新凤霞取得了令人瞩目的艺术成就,新派艺术在众多的评剧流派中标新立异、独树一帜,成为了评剧革新的代表。这得益于她在戏曲艺术上的天分和颖悟以及深厚的艺术功底,更得益于她对新社会的热爱而焕发出的艺术创作力。

新凤霞在艺术上从不保守,她敢于吸收、敢于创新,博采姊妹剧种表演之长,虚心学习各种唱法,积累了丰富的演唱经验。在中国评剧院这一国家剧院良好的艺术环境中,新凤霞的艺术创作力得到了空前的发挥,新派艺术得到了长足的发展。推陈出新的传统评剧《花为媒》是新派艺术的经典之作。新凤霞以纯熟的演唱技巧,细致入微的人物刻画,塑造了青春美丽富有个性的少女——张五可的艺术形象,从而将新派艺术推向了高峰。这出剧目拍成电影在全国包括香港地区、东南亚各国放映后,新派艺术又一次风靡全国和东南亚地区。全国各地的评剧女演员纷纷向新凤霞拜师学艺,评剧新派艺术得到了空前的发扬与传播。这一时期新凤霞主演了

《志愿军的未婚妻》《会计姑娘》《春香传》《乾坤带》《金沙江畔》《无双传》《杨乃武与小白菜》《凤还巢》《三看御妹》《花为媒》《杨三姐告状》《阮文追》《调风月》《六十年的变迁》等几十出剧目。她所塑造的刘巧儿、祥林嫂、赵淑华、李秀英、春香、银屏公主、珠玛、无双、小白菜、燕燕、刘金定、张五可、杨三娥、阮氏娟等一系列的艺术形象为评剧画廊增添了一幅幅绚丽多彩的篇章，为后人留下了宝贵的艺术遗产。她和音乐工作者一道在这些剧目中创造了众多的新板式和新曲调。在《乾坤带》中创作演唱了凡字调大慢板；在《无双传》中创作演唱了反调大慢板；在《春香传》中创作演唱了三拍子调；在《金沙江畔》中创作演唱了格登调；在《三看御妹》中创作演唱了降香调；在《调风月》中创作演唱了蜻蜓调；在《六十年的变迁》中创作演唱了送子调。这些新板式和新曲调极大地丰富了评剧的唱腔艺术，为评剧向大剧种的发展做出了前所未有的贡献，推动了整个评剧艺术的发展与进步。

新凤霞1957年被错划为右派受到了不公正的待遇。在"文革"中受到了迫害，并被剥夺了做演员的权力，这对她的身心是巨大的摧残。1975年，她因脑血栓发病导致偏瘫而不得不告别为之奋斗的评剧舞台。1979年，新凤霞得到了彻底的平反。十一届三中全会以后，党的春风又一次吹进了新凤霞的心田，她以惊人的毅力，挺起她那受过伤害的身体，迈着蹒跚的步伐，又一次向新的艺术领域开拓进取。她讲学授艺，著书立说，教学不止，笔耕不辍。新凤霞拖着沉重的身体，坐在轮椅上给她的弟子、学生说戏，示范演唱，克服行动的不便多次到剧场观看学生的演出，以鼓励和提携后人。在她无私的教诲下，谷文月、刘秀荣、王曼玲、赵三凤、戴月琴、高闯等一大批弟子、学生成为光大新派艺术的优秀传人，成为今天评剧事业的骨干与中坚。新凤霞桃李满天下，是我国戏曲界拥有众多子弟传人的功绩卓越的戏曲教育家。

新凤霞用她那唯一行动自如的右手，以她那坎坷的一生及丰富的阅历，克服常人不可想象的困难，辛勤耕耘，创作出版了《新凤霞回忆文丛》四卷、《人缘》《评剧皇后与作家丈夫》《舞台上下》《少年时》《新凤霞卖艺记》《我和皇帝溥仪》《发愁》《以苦为乐》《艺术生涯》《我当小演员的时候》《我与吴祖光》《绝唱》《恩犬》《新凤霞的回忆》《新凤霞说戏》约四百万字的文学著作。由英国戴乃迭夫人翻译的英文及乌尔都文的《新凤霞》在世界发行。

◎ 阿 炳

阿炳（1893—1950年），原名华彦钧，民间音乐家。因患眼疾而双目失明。他刻苦钻研，精益求精，并广泛吸取民间音乐的曲调，一生共创作和演出了270多首民间乐曲。留存有二胡曲《二泉映月》《听松》《寒春风曲》和琵琶曲《大浪淘沙》《龙船》《昭君出塞》六首。

阿 炳

生平概述

清光绪十九年（1893年），阿炳出生在无锡雷尊殿旁"一和山房"。后因患眼疾而双目失明。其父华清和为无锡城中三清殿道观雷尊殿的当家道士，擅长道教音乐。华彦钧4岁时丧母，由同族婶母抚养。8岁随父在雷尊殿当小道士。开始在私塾读了3年书，后从父学习鼓、笛、二胡、琵琵等乐器。12岁已能演奏多种乐器，并经常参加拜忏、诵经、奏乐等活动。18岁时被无锡道教音乐界誉为演奏能手。

25岁时阿炳的父亲去世，他继为雷尊殿的当家道士，34岁时双目先后失明。为谋生计，他身背二胡，走上街头，自编自唱，说唱新闻，沦为街头艺人。40岁时，与寡妇催弟同居。每天下午在崇安寺三万昌茶馆门前围场演唱。他敢于切中时弊，抨击社会黑暗，用人们喜闻乐见的说唱形式吸引听众。一二八事变发生后，他又编唱《十九路军在上海英勇抗击敌寇》的新闻，并用二胡演奏《义勇军进行曲》。在抵制日货的运动中，他用富有激情的语言激发人们的爱国热忱。他的许多新闻唱出了群众的心声，深得一般市民的喜爱。每天晚上还走街串巷，手操二胡，边走边拉，声调感人。蜚声国际乐坛的《二泉映月》，就是这一时期创作的。日军侵占无锡后，阿炳和催弟一同到双方老家避难。不久赴上海，在昆曲班仙霓社担任琴师，弹奏三弦，并在电影《七重天》中担任表演群众角色盲人。这时他创作的《听松》，是一首气魄豪迈、情感充沛的二胡独奏曲，倾吐着不愿当亡国奴的爱国主义热情。民国28年重返锡城，再操旧业。他每天上午去茶馆搜集各种新闻，回来构思创作，下午在崇安寺茶馆门前演唱；夜间在街上拉着二胡，演奏他创作的《寒春风曲》。他的琴艺十分高超，可将琵琶放置在头顶上弹奏，还可以用二胡模仿男女老少说话、叹息、欢笑以及鸡鸣狗叫的声音。抗日战争胜利后，曾禁止他在崇安寺的固定场所说唱新闻。民国36年，他肺病发作，卧床吐血，从此不再上街卖艺，在家以修理胡琴为业，艰难度日，度日如年。

1949年4月23日无锡解放，阿炳和他的《二泉映月》等乐曲获得新生。1950年暑期，中央音乐学院师生为了发掘、研究和保存民间音乐，委托杨荫浏教授等专程到无锡为他录制《二泉映月》《听松》《寒春风曲》3首二胡曲和《大浪淘沙》《龙船》《昭君出塞》3首琵琶曲。

《二泉映月》

《二泉映月》是著名的民间盲艺人华彦钧（阿炳）创作并于1950年亲自录音传谱的二胡曲。该曲问世以来，不仅以二胡独奏形式，而且还被改编成各种形式的器乐曲，以它那优美抒情的旋律和深切感人的音乐内涵而闻名国内外。

江苏无锡惠山的一泓清泉，世称"天下第二泉"。以"二泉映月"为乐曲命名，不仅将人引入夜阑人静、泉清月冷的意境，听毕全曲，更犹如见其人——一个刚直顽强的盲艺人在向人们倾吐他坎坷的一生。

《二泉映月》的曲体结构是一首传统的变奏曲。音乐一开始，短短的引子，音阶下行的旋律，犹如一声百感交集的轻轻的叹息，把人们带进了一个深沉的意境中去。主题音乐使人联想到一个挂着竹棍的盲艺人在坎坷不平的人生道路上徘徊流浪，无限伤感，无尽凄凉。

全曲将主题变奏五次，随着音乐的陈述、引申和展开，所表达的情感得到更加充分地抒发。其变奏手法，主要是通过句幅的扩充和减缩，并结合旋律活动音区的上升和下降，以表现音乐的发展和迂回前进。它的多次变奏不是表现相对比的不同音乐情绪，而是为了深化主题，所以乐曲塑造的音乐形象是较单一集中的。全曲速度变化不大，但其力度变化幅度大，从 pp 至 ff。每逢演奏长于四分音符的乐音时，用弓轻重有变，忽强忽弱，音乐时起时伏，扣人心弦。

《二泉映月》就是在上述音调的多次变奏下逐渐展开构成全曲的，它通过变奏使音乐形象得到层层深化，使人感到受到阿炳怀着难以抑制的感情，一遍又一遍地向人们诉说他种种苦难和遭遇。乐曲的后半部分，音乐获得更进一步的发展，积聚起来的感情迸发了，乐曲推向高潮，强烈而激愤，显示了阿炳特有的气质和魄力。这是作者对旧社会愤怒控诉的声音，它深刻地反映了阿炳倔强、刚毅的性格，表达了他对黑暗势力不妥协的反抗和斗争。

《二泉映月》层次分明而又浑然一体，旋律动听而又质朴苍劲，音乐感人但更促人激愤。它是中国一位穷苦盲艺人的传世杰作，深受国内外听众喜爱。

阿炳轶闻趣事

人们称阿炳是三不穷：人穷志不穷（不怕权势）；人穷嘴不穷（不吃白食）；人穷名不穷（正直）。在无锡城里，有个地主强奸家中的一个13岁丫头，阿炳知道后，马上把此事编词演唱，揭露地主的罪恶之举，激起民愤，吓得那个地主外逃好几个月都不敢回家。

有一次，国民党军阀汤恩伯要阿炳给他的十三姨太唱生日堂会，阿炳断然拒绝，遭到一顿毒打，可阿炳毫不屈服，并编了唱词，拉起二胡痛骂他们。

阿炳墓

阿炳墓位于无锡市锡惠公园内惠山东麓映山湖边。阿炳1950年12月病殁，葬无锡西郊璨山脚下"一和山房"道士墓。1979年5月，墓遭破坏，由无锡市博物馆原地拾骨，于1983年迁葬惠山东麓、二泉之南现址。墓地面积742平方米，主体由墓墙和翼墙组成，状如音乐台；旧墓碑现藏市博物馆，彩墓碑由中国音乐研究所、无锡市文联立，杨荫浏书，墓前瞎子阿炳铜像，由钱绍武雕塑。1986年由无锡市人民政府公布为市级文物保护单位。

◎ 刘天华

刘天华（1895—1932年），1895年生于江苏江阴澄江镇西横街，后随父亲从南沙三甲里迁到江阴城里。国乐一代宗师，"中西兼擅，理艺并长、而又会通其间"的中国优秀的民族乐器作曲家、演奏家、音乐教育家。

刘天华一生致力于改进国乐"五四"时期，在"平民教育""平民文学"等民主思想影响下，他反对音乐成为"贵族们的玩具"，提出音乐"要顾及一般民众"。他珍视中国民族音乐传统，但不赞成抱残守缺的"国粹主义"，认为发展国乐，"必须一方面采取本国固有的精粹，另一方面容纳外来的潮流，从东、西方的调和与合作之中，打出一条新路来"

刘天华

生平概述

1909年，在常州中学读书期间，刘天华曾参加学校军乐队的训练和演出活动，开始接触西洋铜管乐。1911年的辛亥革命，刘天华回到江阴参加"反满青年团"军乐队1914年先后在江阴、常州中学教音乐。1915年父亲逝世，自己又失业，患病，仍自学二胡，处女作二胡曲《病中吟》便是此时创作。第二年被江苏省立五中聘为音乐教员，并在该校组织了丝竹部和军乐部两支乐队，在这段期间，他专心于向江南民间音乐家周少梅学习二胡，向沈肇洲学习崇明派琵琶的全部《瀛州古调》的演奏。甚至利用暑期跑到河南向高人学习古琴，沿途还一路寻访民间艺人，采集各处民间音乐。

1921年，刘天华到上海参加"开明剧社"乐队，在江阴组织"国乐研究会"，自1922年起，刘天华先后任北京大学音乐传习所国乐导师、北京女子高师和国立艺专音乐系科的二胡、琵琶、小提琴教授，他的学生有曹安和、王君仪、韩权华、萧伯青、吴伯超等。在任教之间，他还跟随俄籍教授托诺夫学习小提琴，同时悉心钻研西洋音乐理论。1927年发起成立国乐改进社，编辑出版了《音乐杂志》（共10期）。另外，他常将街头卖唱艺人请入家中记录他们演唱、演奏的曲谱并给予报酬，留下《佛曲谱》和《安次县吵子会乐谱》两部遗稿。1932年5月底，他在北京天桥搜集锣鼓谱不幸染上猩红热，于6月8日去世。

刘天华的艺术成就

　　刘天华的音乐创作成就，主要在民族器乐曲方面，共创作二胡独奏曲10首、琵琶独奏曲3首、民族乐器合奏曲2首。1918年他在贫病中完成了二胡曲《病中吟》初稿，抒发了他对社会的不满和生活无出路的愤懑心情。其后，他创作的《苦闷之讴》（1926年）、《悲歌》（1927年）、《闲居吟》（1928年）以及《独弦操》（又名《忧心曲》，1932年）等二胡曲，以委婉动人的旋律，或忧伤压抑，或悲愤激越，表现了知识分子在黑暗社会中苦闷、彷徨，要求变革、挣扎、奋斗的心情。二胡曲《良宵》（又名《除夜小唱》，1928年）、《光明行》（1931年）和琵琶曲《改进操》（1927年），音乐清新明朗、乐观向上，表达了作者憧憬美好未来的喜悦心情。《光明行》运用了西洋音乐中大三和的弦琶音进行和转调手法；《改进操》吸收了古琴上绰、注手法与三度和音的旋律特点，并利用双弦拉奏复音，显示了国乐改进的成果。此外，二胡曲《空山鸟语》（1918—1928年）吸取民间单弦拉戏的模拟自然音响的手法，音乐活泼生动。《烛影摇红》则是运用三拍子和变奏曲式的结构原则写成的一首优美抒情的二胡曲。刘天华掌握了民族器乐的创作规律，又大胆地吸取西洋音乐的技法，使作品既具有中国传统的音调，又有新颖独特的表现特点，至今仍保持着很强的艺术生命力。

  刘天华在教学之余学习小提琴和西洋作曲理论，并在民族音乐的基础上吸收西洋音乐和演奏技巧，在民族器乐创作和演奏上取得了杰出的成就。刘天华选择二胡作为改革国乐的突破口，借鉴了小提琴的大段落颤弓等技法和西洋器乐创作手法，融合了琵琶的轮指按音、古琴的泛音演奏等技巧，并确立和运用了多把位演奏法。所有这些，使二胡从乐曲到演奏上都增添了艺术表现的深刻性，从而使这件古代并不受人重视的民间乐器变成近代专业独奏乐器，成为中国民乐的主角与代表，因而刘天华被视为近现代二胡演奏学派奠基人。

主要音乐作品

  刘天华共作有十首二胡曲：《病中吟》《月夜》《苦闷之讴》《悲歌》《空山鸟语》《闲居吟》《良宵》《光明行》《独弦操》《烛影摇红》（当刘天华逝世时，在纪念会上有人用这十大二胡名曲标题的首位字联成过一幅便于记忆又颇有意境的挽联："良月苦独病，烛光悲空闲"）。三首琵琶曲：《歌舞引》《改进操》《虚籁》。一首丝竹合奏曲《变体新水令》、编有四十七首二胡练习曲、十五首琵琶练习曲，还整理了崇明派传统琵琶曲十二首，其中他改编的《飞花点翠》于1928年由高亭唱片公司录制唱片，现已成为琵琶经典乐曲。

上述名曲除了《病中吟》是1918年创作并流传的外，其余都是在1926年任教于北京大学音乐传习所、北京女子高等师范学校和北京艺术专科学校3所大学教授二胡、琵琶期间，以及1927年8月，在蔡元培、萧友梅、赵元任等人支持下创办"国乐改进社"之后，或创作、或修改定稿后得以广为流传的，至今仍是每个二胡学习者的必修习经典。

刘天华对音乐的看法

（1）国乐改进的想法

在民国初年，刘天华见到中国音乐发展的垂危，因主张进行国乐改进。他反对完全以西乐来取代中国音乐，他认为西乐虽完善成熟，但不能削足适履的把它用在中国人的意识性格之间。同时，他认为身为一个中国音乐家，不仅要守住自身的传统，更要把中国音乐的好处发扬光大到世界。那么应该如何来复兴国乐呢？他认为不论复古守旧或全盘西化，都是不行的，由于他能分别深地入了解中西乐的特长及优点，因此他主张"必须一方面采取本国固有精粹，一方面容纳外来潮流，从中西的调和与合作中打出一条新路来，然后才能说得进步两个字"。要"介绍西乐，以为改进中乐的辅助，并想效法西乐，配合复音，并参用西洋乐器"，再"从创造方面去求进步"。

这种学习西乐以改进中乐的思想，实与其自小对中西乐都能接触有关，由对西乐学习发现了西乐的繁复有定制，在和中国音乐接触中发现中乐的纯正精微，也因为这种想法，他才会努力于学习中西乐，以力行国乐改革。

（2）音乐的目的

刘天华认为音乐的重要目的，便是在表达人的感情以使听者感动。如他提到胡琴的音乐时便说："不论那种乐器那种音乐，只要能给人们精神上些少的安慰，能表视一些艺术的思想，都是可贵的"。但这些目的，必须是普及于大众的，而不是"以音乐为贵族们的玩具"，这种让音乐普及于平民的想法，实与当时的五四时代的白话文运动有着相同的精神。除了表达感情思想及获得心灵上的安慰之外，和当时许多人对音乐普的看法一样，他也主张音乐要能激励人心，以振国家民族，他希望一种"能唤醒一民族灵魂的音乐"，这种想法与刘天华的爱国心相结合，如他所作的《光明行》这首胡琴曲便有这种激励人心的作用。

刘天华对于音乐的看法，与中国传统音乐中以音乐为教化人民之方法，以及在表现内心活动之外的理念十分相近，而与在西洋音乐中那种为艺术而艺术之想法有所不同，可说在对音乐的基本看法上，刘天华受传统音乐思想的影响较大。

刘天华对音乐的改良

(1) 国乐改进的计划

刘天华国乐改进之心，是在 1927 年，他在北京联合萧友梅、杨仲子等人，创立了国乐改进社，以期开始国乐改进的工作。他在几篇文章中，对国乐改进提出了一些具体的计划，其内容包括探查及保存故有好的及将失传的乐曲、曲谱及乐器，并访问仍在之音乐大师。其次，要改良记谱法、整理演奏法，编成有系统的书籍，对于乐器，则要组织乐器厂，研究改良乐器，以使国乐有良好的基础。再其次，介绍西乐为改进国乐之辅助，以创造新的艺术，再发行刊物及创设音乐学校以推广成果，再创设研究所以进一步研究创新中国音乐。这样一个完整的计划，却由于当时的环境十分恶劣，正当军阀割据南北分裂之际，政府完全不重视音乐，因此经费极度缺乏，计划的推行十分不易。因此在这些计划之中，他提出了最重要而急于举办的，如对中国音乐尤其是将失传音乐如宫廷音乐、民间音乐等的保存及研究，还有刊行音乐杂志、办国乐教育及乐器的制造及改进等，这些工作的目的是在为创造其心目中新生国乐做准备。

(2) 乐器改良

在乐器的制造改良上，他对于他所擅长的二胡、琵琶进行改革。他在二胡制造的材料、技术上进行改变及定制，以期达到好的音色及音量。对二胡二根弦的音准进行调整，又增加了二胡的把位，以提高其演奏的表现力。他又依十二平均律制作了新的琵琶，并增加琵琶的品和项，使琵琶能有准确的音准并能演奏半音阶。他这些乐器改良的同时，也和乐器制作厂商合作发展，以期达到推广的效果。他自己也曾于北京经营了一家音乐商店，名叫中华乐社，售乐器及谱等，可惜后来未能如其计划进一步成立乐器厂。

（3）记谱法的改良

记谱法的改进，是刘天华相当重视的一环，他认为乐谱的不发达完备，使得中国古代的音乐无法完整地留传下来，而间接造成中国音乐的衰微。他首先大力推广五线谱用于中国音乐之上，如他在1930年，为当时将赴美国演出的京剧名家梅兰芳，花了数月时间以听写记谱方式完成了五线谱的《梅兰芳歌曲谱》。除此之外，由于当时国人仍惯用旧有的工尺谱，他于是将五线谱中一些记谱法如节奏、指法、强弱等记号融入工尺谱之中，成一套较完善而能通行的记谱方法，并以此方式整理出了《瀛州古调新谱》《佛曲谱》及《安次县哨子曲谱》等中国古乐及民间音乐。

◎ 田 汉

田汉(1898—1968年),本名田寿昌,曾用笔名伯鸿、陈瑜、漱人、汉仙等。湖南长沙人。田汉是话剧作家,戏曲作家,电影剧本作家,小说家,诗人,歌词作家,文艺批评家,社会活动家和文艺工作领导者,也是中国现代戏剧的奠基人。中华人民共和国国歌《义勇军进行曲》就是由他作词的。田汉出身贫民家庭,多才多艺。早年留学日本,1920年代开始戏剧活动。

田汉少年时代受到谭嗣同、陈天华、黄兴等人和南社诗人、舅父易象的影响,具有反帝爱国志向。1912年,田汉就读于长沙师范学校,1919年,田汉在东京加入李大钊等组织的少年中国学会。翌年,他创作了剧本《环球磷与蔷薇》《咖啡店之一夜》。1921年,田汉与郭沫若、成仿吾等组织创造社,倡导新文学。1924年,田汉与妻子易漱瑜创办《南国半月刊》,发表独

幕悲剧《获虎之夜》。1926年，他在上海与唐槐秋等创办南国电影剧社，编导拍摄《到民间去》。1927年秋，他又编写了话剧《苏州夜话》《名优之死》等。

1928年，田汉与徐悲鸿、欧阳予倩组建南国艺术学院。同年秋，成立南国社，确定"团结与时代共痛痒之有为青年，作艺术上之革命运动"的宗旨，以狂飙精神推进新戏剧运动。同一时期，田汉主编了《南国月刊》，写作了《古潭的声音》《颤栗》《南归》《第五号病室》《火之跳舞》《孙中山之死》《一致》等剧本。

1930年4月，田汉发表了著名的《我们的自己批判》，公开宣告向无产阶级转向。1932年，田汉参加中国共产党，这期间他创作了话剧《梅雨》《乱钟》《暴风雨中的七个女性》《回春之曲》等，同时又和夏衍、阳翰笙等创作了《三个摩登的女性》《青年进行曲》《风云儿女》等。

中华人民共和国成立后，田汉任中华全国文学艺术界联合会副主席、中国戏剧家协会主席文化部戏曲改进局局长、艺术事业管理局局长，1968年12月10日受迫害致死。田汉创作的其他艺术作品还有《回春之曲》《械斗》《黎明之前》《洪水》《复活》《阿必西尼亚母亲》《女记者》《土桥之战》《阿Q正传》《卢沟桥》《最后的胜利》《新雁门关》《江汉渔歌》《岳飞》《秋声赋》《黄金时代》《再会吧，香港》《丽人行》《忆江南》《梨园春秋》《关汉卿》《文成公主》《白蛇传》《谢瑶环》等。

好读书的孩子

田汉出生在一个贫苦农民家庭。父亲在外做厨师，挣钱养家。田汉和两个弟弟都靠母亲劳动抚养。母亲为了让他能读书，把两个弟弟分别送到亲戚家寄养。这样，田汉在6岁时就读书了。他知道自己读书不易，学习上很刻苦。放学了，还四处找课外书来读。10岁那年，父亲病逝了。家里生活更困难了。田汉不得不辍学。他回家帮大人们干活，插秧、打稻、车水、放牛、推车、砍柴……什么都干。

但他没有忘记学习，决心做一个有文化有知识的人，就坚持自修，坚持看书。有一次他听说附近的庙里住着一个王道人，藏书很多，就去借书。"你想看什么书？"王道人问，"我想借《绿野仙踪》。""你好好看，不许弄丢了！"王道人对他很不放心。不料，只过了两天，田汉就把书还了回来。王道人惊奇地问："你看完了吗？""都看完了。"

"我不信，要考考你。"王道人摇摇头。他不相信一个10岁的孩子两天内能看完，就提了许多问题，把那部书的内容从头到尾都问遍了。田汉不仅对答如流，而且还根据自己的体会作了发挥和解释。王道人非常赏识这个聪明好学的农家孩子，从此以后，就常把自己的藏书主动拿出来给他读。

后来，田汉在亲友帮助下，重新入学读书。由于成绩优良，不久就推荐到长沙高等小学。他从农村来到了城市，也就走上了新的人生之路。他没有忘记自己童年在农村的艰苦生活，后来成了名，就以田汉为名，发表作品。他为自己是从田地里走出来的汉子而感到自豪。

开始创作戏剧

湖南是戏曲艺术很繁荣的地方。田汉小时候在农村，看过不少戏曲艺人演出，有影子戏（皮影）、傀儡戏、湘戏，还有人人会唱的花鼓戏。他非常喜欢看戏，每次戏班子来演出，他都要去看。这样，他脑子里就装进了许多戏剧故事。后来，他来到长沙，又开始看在全国最有影响的京剧。京剧表演技巧高，唱腔又好听，他很快就喜欢上了。1912年，14岁的田汉进入长沙师范学校学习，仍然一有空就去看戏。

"我能不能自己写一出戏呢？"他经常这样想，"对，试试看！"于是，他写出了一个名叫《新教子》的剧本，是用京剧形式写的。传统京剧中有一出《三娘教子》，说的是一个妇女教育儿子刻苦读书的故事。田汉的《新教子》借用《三娘教子》的形式，写一个妇女，丈夫为抗击北洋军阀而战死，她就教育儿子继承父志，为国家尽忠，为人民献身。

《新教子》写出来后，他就去《长沙日报》投稿，没想到一投即中，很快就被发表了。这样，田汉创作的欲望更强了，又接连写了几个京剧剧本。后来，他还看了些新兴的话剧，又吸取话剧写法进行创作。1915年，为了反对日本灭亡中国的"二十一条",全国掀起了爱国运动。田汉为国事担忧,就写了《新桃花扇》。

剧中,说书人柳敬亭有一段话,完全是直接反对日本侵略中国的。柳敬亭说:敢告列位,今日所说不是别的,是这亡国条件之大纪念,表明日本要求中国的野心,以及中国自己救亡的法子。……中国国民,如稍有心肝,不忍国破家亡,自甘奴隶,断不可不想自卫的法子……田汉的早期戏剧创作,表现了他的爱国之情,也为他后来大展宏图打下了基础。

名声轰动日本

1916年,田汉随着舅舅易象(易梅臣)到日本,一边帮舅舅做事,一边自学,后来又进入师范学校读书。当时在日本,话剧和新兴的电影已经很有影响了,田汉兴致勃勃地看了许多,还认识了一些有名的剧作家和导演,读了许多西方的戏剧作品。他对戏剧更热爱了,决心多写戏,做个中国的"易卜生"。从此,写话剧剧本,成了田汉最热心的事。

他在日本的几年中,写了真不少。其中有一个戏叫《灵光》,写男女两个留日学生,冲破封建束缚,自由恋爱,又回国为民众服务的事。因为写得精彩奇妙,在日本上演之后,引起轰动。观众不但有日本人,还有二十几个国家的来日人员,演出时,掌声喝彩声不断。这是中国人自己创作的话剧第一次在外国上演。

田汉后来又写了《咖啡店之一夜》《午夜前后》等话剧剧本，也都引起轰动，他也因此成为现代戏剧创作的奠基人。田汉除了写剧本外，还写了不少新诗。如《一个日本劳动家》，写一个日本普通劳动者在日本军国主义的统治下的悲惨命运：

> 从春日町往水道桥去，
> 是一条冷淡的街道。
> 正在炮兵工场的左边，
> 行客和街灯一样的少。
> 这时候，有一辆拖货物的空车，
> 横傍着一间关了门的矮屋。
> 阶级边躺着一个劳动家，
> 吞声的在那儿痛哭！

《获虎之夜》与《名优之死》

1922年，田汉回国，来到了上海。经过筹划，他在1924年创办了《南国半月刊》，组织了"南国社"，开始了文学和戏剧的活动。"南国"二字也和他的活动紧密相连。他还担任过上海艺术大学校长，又创办了南国艺术学院，培养了许多编剧、导演、表演、音乐、美术方面的人才。

这期间，田汉写了十几个话剧剧本，有独幕剧，也有多幕剧。内容有写青年学生的,也有农村生活的,也有社会现象的,也有反映政治的,非常广泛。如很有名的独幕剧《获虎之夜》,说了这样一个故事:

流浪儿黄大傻和猎户魏福生的女儿魏莲姑相爱,而魏福生又把女儿许配给有钱人家,还想打一只老虎给女儿当嫁妆。不想,打虎的时候,猎枪误伤了黄大傻。魏莲姑与黄大傻难舍难分,却遭到父亲的毒打,黄大傻在悲愤中自杀而亡。

这出戏以喜剧开头,以悲剧结尾,虽然只是独幕剧,却高潮迭起,非常吸引人。人们评论说:"田汉的《获虎之夜》深刻地反映了封建思想对人们的专制,艺术上很有特色,是我国独幕话剧成熟的一个标志。"

田汉在社会上出了名。很多人都来向他请教编戏演戏的事。有一天,著名京剧演员周信芳(麒麟童)来访,拿出一本《南国月刊》,对田汉说:"我是久闻大名,一直想来拜访。从这个刊物上知道了您的地址,这本书算是我的介绍信吧!""久闻大名,只恨相识太晚。今日相见真是三生有幸!"田汉热情地说。

两人促膝交谈,十分投机,从此,他俩成为挚友,经常相互帮助。田汉通过周信芳又结交了许多戏剧界特别是京剧界人士,这对他写作话剧、改革戏剧都有好处。不久,他就以京剧演员为主角写成了久演不衰的三幕话剧《名优之死》。这出戏写一个京剧名演员刘振声,不但艺技高,品德也好。可他培养的义女刘凤仙,却被流氓加绅士杨大爷引诱,堕落下去。刘振声愤怒斥责了杨大爷,杨怀恨在心,指使人给他喝倒彩,刘振声终于死在后台。

《名优之死》是田汉最优秀的作品之一。他把话剧和中国传统戏曲结合起来,开创了话剧创作的新天地。他自己因为从小喜欢京剧,对剧中人非常熟悉,还多次亲自粉墨登场,扮演刘振声,成为一时佳话。

歌剧《扬子江的暴风雨》

田汉在戏剧创作的同时,还积极参加革命活动。1930年,他参加了"左翼作家联盟",1932年又加入了中国共产党,任"左翼剧联"党团书记,成为上海革命戏剧活动的领导人。他为"左翼剧联"的各剧团写了《梅雨》《姐妹》《乱钟》《战友》等大量话剧,还有歌剧《扬子江的暴风雨》。

歌剧与话剧不同,和传统戏曲也不一样。田汉为了斗争的需要,敢于创新,写成了两场歌剧《扬子江的暴风雨》。作品描写在1932年"一·二八"抗战以后,日本侵略者将大批军火运到上海,准备进一步进攻中国。上海码头工人、打砖工人、修路工人和打桩工人不怕包探的威胁,不受工贼的利诱,面对工友被捕被杀的威胁,群情激愤,齐声怒吼,将日本军火扔进了扬子江里。

这出歌剧,表现了中国人民抗日的决心,歌颂了广大劳动群众的爱国精神。这部名剧,歌词主要是田汉写的,全剧乐曲则由著名作曲家聂耳一人谱写。词曲俱佳,有很强感染力和强大的政治鼓动力量。

1934年7月,《扬子江的暴风雨》首次公演,三天连演六场,戏票早已售空,演出的时候,剧场两旁过道都站满观众。当演到码头工人不愿搬运军火、日本水兵开枪打死工人于子林和小栓子的时候，码头工人老王悲愤地抱着奄奄一息的小栓子，领唱战歌：

难友们，大家一条心，挣扎我们的天明。我们并不怕死，（白）不要拿死来吓我们！我们不做亡国奴，我们要做中国的主人。让我们结成一座铁的长城，把强盗们都赶尽！

这时候，台下一片沸腾。全场观众激动地起立高呼：打倒日本帝国主义！剧终时，大幕无法放下，台上台下口号声声，热泪行行……《扬子江暴风雨》演出的成功，是中国人民对日本帝国主义和反动派的一次大示威，也是田汉在戏剧事业中为人民做出的新贡献。

《义勇军进行曲》唱遍全国

1937年7月7日，抗日战争开始了。田汉出狱后，立即投身于抗战洪流中。他为剧团赶写话剧剧本《卢沟桥》。为了尽快排练，他写一页，就有人拿走，由刻蜡板刻出一页，油印出一页，再送到舞台上，分发给演员，就排出这一页。这样，五天时间，四幕话剧就和观众见面了。《卢沟桥》艺术地再现了"七七事变"的情景，赞扬了英勇保卫卢沟桥的爱国军民的抗日热情和力量。

田汉在写、演话剧的同时，还投身早期电影事业。他主持了一家电影公司，名叫艺华影片公司，公司内的编剧、导演和摄制都由田汉指挥。

1933年底，国民党特务把"艺华"捣毁了。田汉又在1934年初把"电通器材制造公司"改造成为"电通影片公司"，在公司内成立了党的领导小组，田汉任组长。

"电通"拍的第一部影片是《桃李劫》，这是一部优秀的影片。其中的《毕业歌》也是由田汉作词，聂耳谱曲。《桃李劫》上演之后，《毕业歌》迅速传播开来，成为青年学生的战歌：

同学们！大家起来！担负起天下的兴亡！听吧，满耳是大众的嗟伤！看吧，一年年国土的沦丧！我们是要选择战，还是降？我们要做主人去拼死在疆场，我们不愿做奴隶而青云直上！我们今天是桃李芬芳，明天是社会的栋梁。我们今天是弦歌在一堂，明天要掀起民族自救的巨浪。巨浪，巨浪，不断地增长。同学们，同学们，快拿出力量！担负起天下的兴亡！

1934年，在日本加紧侵略、国家危亡日益加剧的时候，田汉怀着深切的爱国之情，创作了电影《风云儿女》，描写知识分子走向抗日战场的故事。剧本写好了，大家都认为要像《桃李劫》一样，写个好的主题歌，并提议还是由老田和聂耳合作，写一首比《毕业歌》更加高昂的进行曲。

田汉拿起笔，想到坚持在东北的冰天雪地里的抗日义勇军的斗争，那前仆后继、英勇作战的场景一幕幕地在他脑海中展现出来。他激动地铺开纸伏在昏暗的电灯光下，奋笔疾书：

起来，不愿做奴隶的人们！把我们的血肉，筑起我们新的长城！中华民族，到了最危险的时候，每个人被迫着发出最后的吼声。起来，起来，起来！我们万众一心，冒着敌人的炮火，前进！冒着敌人的炮火，前进！前进！前进进！

短短几行歌词，把中华民族危急的情形，把中国人民奋力抗争的决心和勇气，概括而真切地表达了出来。不料，他写完歌词后不久，就被国民党当局逮捕了。可由聂耳谱曲的这支《义勇军进行曲》在影片公映后，立即在群众中流传开来。《义勇军进行曲》唱出了中华民族的心声，是一曲民族解放的战歌，一支革命进军的号角。中华人民共和国成立后，这首歌被定为国歌。

乐于创作的戏剧大家

田汉不习惯戴手表。他写剧本从来都是一个字："赶！"在上海左联时期是这样，在抗战时期更是这样。他有一个信念：有了素材、题目，酝酿好人物，构思好场幕，琢磨好对话，就埋头写出来。他不需要手表，不看时间，给水喝才喝，端来饭才吃，实在困了才睡，四五天写成一个多幕剧是他的惯例。他说：不要看时间，要去赶时间。赶紧做，是鲁迅教导我们的啊！所以他一生中都很少戴手表。

在抗战八年中，他就用这样的速度写了大量剧本和成百首诗歌。除了写作外，他还在周恩来、郭沫若的领导下，组织了十个抗敌演剧队和四个抗敌宣传队，到各地开展抗日宣传活动，踏遍两湖、两广和云贵川的山山水水。他为抗日宣传做出了杰出贡献。

抗战胜利后，田汉又马不停蹄地参加了反内战、争民主的运动，用手中的笔揭露反动派发动内战的阴谋。他创作了许多剧本，其中最有名的要

数《丽人行》了。《丽人行》写了三个性格不同的女子,在黑暗社会里的不同遭遇,看后使人泪下。

1949年,新中国诞生了。田汉作为革命文艺的前驱之一,成为全国文艺工作的领导者。他担任了中国文联副主席、戏剧家协会主席等职务,是戏剧战线上的带头人。1958年,为了纪念世界文化名人关汉卿戏剧活动700周年,田汉写了11场话剧《关汉卿》,这部话剧是他创作的高峰。无论从思想深度,或是从艺术高度来看,都是百代流传的珍品。

田汉在剧本中把握了关汉卿性格的本质特征,围绕他创作与演出的《窦娥冤》,展开戏剧冲突,在一系列斗争中显示关汉卿的英雄性格。戏中有一段《蝶双飞》的曲子,歌词是这样写的:

将碧血,写忠烈,作厉鬼,除逆贼,这血儿啊,化作黄河扬子浪千叠,长与英雄共魂魄!强似写佳人绣户描花叶,学士锦袍趋殿阙,浪子朱窗弄风月,虽留得绮词丽语荡江湖,怎及得傲干奇枝斗霜雪?

为了维护民族团结,田汉还创作了表演藏汉团结的《文成公主》。《关汉卿》和《文成公主》是田汉话剧创作的最高成就。

◎ 冼星海

冼星海（1905—1945年），曾用名黄训、孔宇。广东番禺人。伟大的人民音乐家，革命音乐的奠基人之一。他和聂耳开创了革命音乐事业，是中国音乐史上的两座丰碑。

1905年6月13日，冼星海生于澳门一个贫苦船工的家庭，1918年入岭南大学附中学小提琴，1926年入北京大学音乐传习所、国立艺专音乐系学习。1928年发表了著名的音乐短论《普遍的音乐》。1929年，冼星海去巴黎勤工俭学，从师于著名提琴家帕尼·奥别多菲尔和著名作曲家保罗·杜卡。1931年考入巴黎音乐院。留法期间，他创作了《风》《游子吟》《d小调小提琴奏鸣曲》等。

冼星海

1935年回国后，冼星海积极参加抗日救亡运动，创作了《救国军歌》

《只怕不抵抗》《游击军歌》《路是我们开》《茫茫的西伯利亚》《青年进行曲》《保卫卢沟桥》《祖国的孩子们》《到敌人后方去》《反攻》《在太行山上》等作品。1938年任延安鲁迅艺术学院音乐系主任，创作了不朽名作《黄河大合唱》和《生产大合唱》等作品。1945年10月30日，冼星海卒于莫斯科。

冼星海的著名音乐作品还有表现工农群众劳动生活的《顶硬上》《拉犁歌》《搬夫曲》和《路是我们开》，以及为妇女儿童写的《只怕不抵抗》《祖国的孩子们》和《三八妇女节歌》等。冼星海的四部大合唱分别是《生产运动大合唱》《黄河大合唱》《九一八大合唱》《牺盟大合唱》等。

爱好音乐的少年

冼星海的祖上几辈都以捕鱼为生。父亲是个海员，辛苦一生，在他出生前半年就已去世。母亲只好抱着儿子去投靠在澳门的外祖父。澳门的下环街，住着许多渔民、海员和流浪到这里的苦力。冼星海在外祖父家里长大，生活虽然清苦，可家里充满了欢乐。晚上，外祖父经常拿出竹箫，吹起了渔民们爱唱的劳动歌。冼星海总是好奇地听着，还模仿着外祖父的吹箫动作。外祖父很高兴，就手把手地教他吹箫。不久，只有几岁的冼星海学会了吹箫，音乐从此成了陪伴他一生的东西。

不久，年迈的外祖父突然患病，离开了人世。母亲又带着6岁的冼星海飘扬过海，到新加坡谋生。在新加坡，母亲靠给人帮佣，洗衣服，挣来钱送儿子上学。冼星海学习很用功，成绩很好，可学校里最能吸引他的还是礼堂的那架钢琴。只要琴声一响，他就飞一样地奔去，站在琴旁不愿离去。音乐老师看他这样入迷，又知道他从小喜欢音乐，就主动提出教他弹钢琴。

从这以后，每天放学，他都要到礼堂去练习钢琴。他学会了钢琴的简单指法，还能弹出几首进行曲，老师和同学都夸他有音乐才能。1918年，已经13岁的冼星海又和母亲回到祖国。他进入岭南大学华侨特别班学习，一年后又升入附中。他的音乐才能很快就显露了出来，当上了学校管乐队的指挥。

1928年，冼星海进入上海国立音乐学院，主修小提琴，选修副课钢琴，并学习音乐理论。他立下誓愿，要以贝多芬为榜样，做一个真正的音乐家。然而不久，一件意外的事情发生了。1929年暑假就要来临了，学院突然发布通告，让每个留校住宿的学生，暑假额外再交住宿费8元，这分明是有意为难远离上海的外地穷学生。同学们非常不满，齐起反对，校方竟派人锁上钢琴，抬走钢丝床，关上房间，让学生睡地板。

此时，冼星海和母亲住在校外，额外交纳住宿费本来与他无关，可是正义感和对穷同学的感情，促使他投入了一场学生运动。在老师们的支持下，学生会派代表前往南京教育部请愿。教育部长王世杰应付几句，让学生回校静候结果。可学生走后，他竟命令上海国立音乐学院停办，改组为

"国立音专",宣布招收新生。学校利用这个机会,给冼星海等12个学生寄发"转学证书",以转学为名,达到变相开除的目的。冼星海明白已经无法在国内继续学音乐了,因为上海音乐学院是国内唯一的音乐学府,他下决心去法国求学。

到法国学习音乐

1929年初,冼星海来到法国巴黎,靠做杂工谋生,当厨师、杂役、烧炭夫,还给人照料小孩,可他对音乐的追求,一刻也没有放松。在另一位中国留学生马思聪(后来成为著名作曲家和小提琴家)的帮助下,他跟随马思聪的小提琴老师奥别多菲尔学习小提琴。每次上课结束,他就匆匆赶往打工的饭店干活。

他的住处是一间只能放一张床和一张方桌的小屋子,房子低矮得直不起身,好在房顶有个透气的大天窗,他风趣地把它称为"牛眼",这"牛眼"天窗正是他练琴的好地方。每天朝霞升起时,他就弯着腰挟着琴,跨上小方桌,然后打开天窗把上半身伸出屋顶,在晨辉中拉响手中的提琴。天长日久,腮帮都磨出了老茧。

这种勤学苦练的精神,深深感动了他的老师。奥别多菲尔对他说:

"年轻人，凭你的毅力和努力，是可以学好小提琴的。我会全力帮助你。"

"多谢老师。如果有机会，我还想学习作曲。"冼星海恳切地说。后来，奥别多菲尔介绍他向几位著名作曲家学作曲。经过艰苦的努力，冼星海写出了自己第一批作品，有奏鸣曲、重奏曲和独唱曲。奥别多菲尔听了他的试奏后，赞赏地说："我相信巴黎音乐界一定会认识他的。"

不久，在巴黎音乐学院新作品演奏会上，女高音歌唱家杰尔曼演唱了冼星海的歌，俄国演奏家普罗菲叶夫等演奏了他写的四重奏《风》，轰动了巴黎音乐界，因为演出校外学生的作品，在巴黎音乐学院也是破天荒的第一次。

看不到出路在哪里

1935年夏，20岁的冼星海从巴黎音乐学院毕业，启程回国。消息传到上海，有的报刊发表文章，称他是"一位从艰难困苦里斗争出来的作曲家"，是最有希望的"东方青年作曲家"。祖国需要这样的青年人，冼星海也想大干一番。可是，冼星海回到上海后，竟受到一些人的冷遇。当时音乐界大权掌握在外国人手里，他们看不起中国人。

冼星海想举办一次个人作品音乐会，可找了几个乐队，都被拒绝。最后，他来到上海工部局乐队，找到了巴黎音乐学院老师给他介绍的意大利籍指挥梅伯器。梅伯器一听是老师介绍来的，连忙说："你有什么事尽管说，我一定帮忙。""我准备了几首小提琴奏鸣曲和我归国途中写的声乐作品，想请你帮忙开一次个人音乐会。""我们正准备演出贝多芬《第八交响曲》。这样吧，请你来指挥乐队排练，音乐会上也可以介绍你的作品。"

几天后，冼星海来到工部局乐队排练厅。在他的指挥下，乐队排练得很顺利。可是没过多会儿，他发现当年国立音乐学院的一个小提琴老师正在和乐师窃窃私语。"这家伙不是前些年在国立音乐学院学小提琴的吗？现在当起指挥来了？你们外国乐师干嘛要围着中国人的指挥棒转？再说……""再说什么？""他还闹过事，被学校赶走了！"

排练厅里的秩序立刻乱了。那些外国乐师不时地发出嘲笑声。几天后，冼星海告诉梅伯器，音乐会曲目已准备就绪，询问什么时候举办音乐会。梅伯器却出尔反尔地说："音乐会不开了！""为什么？""就是不给你开，要是给你开了音乐会，你不是就会飞了吗？"冼星海感到受了污辱，气愤地走了。他多么渴望有一天能走上舞台指挥中国的乐队，演奏中国音乐家的作品啊！

黑暗里迎来光明

正在冼星海苦闷的时候，他的老朋友，革命戏剧家田汉看望他来了。

冼星海向他诉说起回国后的感受："我看透了现实，今后不能再沉湎于国际音乐家的幻梦之中了。"田汉高兴地说："我很早就发现你和聂耳的音乐才能，不久前，聂耳不幸死于异国大海。我希望你能像他那样，为革命，为民族解放谱写乐章，为人民大众写出战斗音乐作品！"

不久，冼星海又结识了吕骥、任光、贺绿汀等进步音乐家。他拒绝了国民党宣传部的高薪聘请，决心为发展民族音乐事业而献身。冼星海开始为进步电影谱曲，为抗日救亡的音乐出力。他把自己的全部才华贡献出来，创作了许多优秀歌曲。曾与聂耳多次合作的田汉又与冼星海合作，写了不少好歌。如电影《青年进行曲》中的主题歌：

前进，中国的青年！

抗战，中国的青年！

中国恰像暴风雨中的破船，

我们要认识今日的危险，

用一切力量争取胜利的明天。

这首《青年进行曲》随着影片，在1937年"七七事变"爆发后的第三天问世，立刻引起群众的共鸣，很快流传开来。冼星海也受到了鼓舞，他对大家说："我已经找到了一条路，就是在音乐中反映被压迫人民的感情。音乐要和实际斗争联系起来，才能前行。"

冼星海还创作了一首影响特别大的歌曲：《救国军歌》。这首歌道出人民要求停止内战一致抗日的呼声：枪口对外，齐步前进，不打老百姓，不打自己人。我们是铁的队伍，我们是铁的心，维护中华民族，永做自由人！冼星海的歌曲与聂耳的歌曲一样，具有强烈的号召力，反映了时代的精神。他还创作过《夜半歌声》《黄河之恋》等抒情性很强的歌。

1937年8月，冼星海随着救亡演剧队到浙江、河南、湖北等地宣传演出。他奋不顾身，一边创作，一边组织演出，训练歌手。他走到哪里，哪里就响起一片抗日的歌声。这时候，中国共产党领导的抗日游击战在华北敌人后方展开了。全国人民为此深受鼓舞。冼星海立刻创作了《游击军》《到敌人后方去》等优秀歌曲，歌颂游击战。流传最广的要数《在太行山上》。这首歌既激昂雄壮，又有着深厚的情感，非常动听：

红日照遍了东方，自由之神在纵情歌唱。看吧，千山万壑，铜壁铁墙，抗日的烽火，燃烧在太行山上，气焰千万丈。听吧，母亲叫儿打东洋，妻子送郎上战场。我们在太行山上，山高林又密，兵强马又壮。敌人从哪里进攻，我们就要它在哪里灭亡！

革命向前赴延安

冼星海在参加抗日救亡的活动中，深深感到中国共产党领导的队伍是真正的抗日的主力军。同时，他对国民党内一些人消极抗日的行为很不满。这时候，延安，这个中国抗日的根据地，开始吸引了他。每遇到从延安来的青年，他总是向他们打听那里的情况，听得津津有味。在延安"抗大"的招生广告前，他久久不愿离去。"我也要到延安去，那里才是抗日的中心啊！"冼星海兴奋地想。

一天，冼星海从《新华日报》上读到一篇报道：《抗战中的延安》。他读了又读，欣喜万分。他在当天的日记中写道："中国现在是成了两个世界，一个是向着堕落处下沉；而另一个就是向着光明的有希望的上进，延安就是新中国的发扬地！"

冼星海的愿望被中国共产党知道了，延安人民热烈欢迎这位著名音乐家。1938年9月，武汉八路军办事处给冼星海转来了延安鲁迅艺术院的任教聘请书。紧接着，鲁艺又连续拍来两次电报。冼星海决定立即启程，奔向那光明的地方。

10月，他和新婚不久的妻子钱韵玲在武汉八路军办事处的帮助下，坐上到西安的最后一班火车。一路上，到处有敌机狂轰滥炸。到达西安后，一时没有安全合适的车子，他们就在西安八路军办事处暂时住下。这里，有许多人劝他们不要去延安，说那里苦极了，没有洗脸水，人人生虱子，黑黝黝的土窑洞根本不能住。可冼星海的信念没有动摇。11月初，在西安八路军办事处的帮助下，他穿着西装，操着广东话，装扮成华侨商人，坐上由华侨捐赠载着医药的救护汽车，越过重重封锁，奔赴向往已久的革命圣地——延安。

伟大的音乐杰作

冼星海在延安，担任了鲁迅艺术学院音乐系主任。延安的生活是艰苦的，但他觉得心情舒畅极了。在这里，他如鱼得水，充分发挥了自己的才能。在一年半时间里，他就创作了歌剧《军民进行曲》，创作了四部大合唱和许多歌曲。

1939年2月的一天傍晚，冼星海步行二十多里地去医院看望正在养伤的青年诗人光未然（本名张光年）。他俩曾合作过一些歌曲。老友重逢，自然有说不完的话题，不过，说得最多的还是歌曲创作问题。光未然说自己正在创作一首讴歌黄河的长诗，冼星海听了，迫不及待地说："我也早想写一部以黄河为题材的大型音乐呢，你能不能把这首诗改写成歌词，让我来谱曲。"不久，25岁的光未然在病床上完成了《黄河大合唱》的全部歌词。冼星海听完他的朗诵后，周身热血沸腾，激动地说："这是一部歌颂中华民族的史诗，我要把它写成一部代表中华民族伟大气魄的大合唱！"

白天，他和鲁艺师生扛起锄头一起开荒劳动；晚上，就把小书桌放在靠窗的炕边，提笔谱曲。早春的延安，夜晚还很冷，冼星海身穿灰布棉衣，凑着一盏小油灯，边读歌词边哼着曲调，谱写着一个又一个乐章。困了，他就双手抱头，小睡片刻，然后又坐起再写。饿了，吃上几颗煮熟的红枣，又投入创作。经过6天的日夜奋战，他终于谱写完成了《黄河大合唱》的全部乐章。

1939年5月11日晚上，庆祝鲁艺成立一周年晚会在陕北公学大礼堂举行。《黄河大合唱》要公演了。毛泽东等领导人都来参加。冼星海亲自指挥。《黄河大合唱》在朗诵中开始。人们的心立刻被气势磅礴的音乐效果所征服。昂扬奋进的《黄河船夫曲》，豪迈深沉的《黄河颂》，情深意切的《黄水谣》，正气勃发的《河边对口唱》，如泣如诉的《黄河怨》，雄壮有力的《保卫黄河》，直到磅礴激越的《怒吼吧，黄河》。《黄河大合唱》像奔腾的黄河一样，那么壮观，令人振奋。

演出结束，冼星海转身面向听众，带领全场听众和演员一起高唱《保卫黄河》。"风在吼，马在叫，黄河在咆哮……"歌声一停，毛泽东从座位上站起来，连声说："好！好！好！"冼星海也激动得热泪盈眶。《黄河大合唱》以深刻的主题，独特的艺术获得巨大成功。它是中华民族的音乐史诗，在中国音乐史上占有重要的地位，已经成为久演不衰的中华音乐经典作品。

英年早逝的音乐家

冼星海在延安还创作了《生产大合唱》等大型作品。和聂耳一样，他也不忘为儿童们写歌，如有一首《酸枣刺》，就是写根据地少年儿童如何勇敢抗日的，动听极了："酸枣刺，尖又尖，敌人来到黄河边……"1940年5月，冼星海受派遣到前苏联去学习考察，创作《延安与八路军》的音乐作品。不久，他完成了两部交响曲《民族交响曲》《神圣的战争》，为自己的祖国唱出自己的颂歌。

由于长年劳累，他在前苏联得了重病。1945年初，他被送进莫斯科克里姆林宫医院，被查出患了肺结核，还患有肝肿、腹膜炎、心脏病。他忍受着巨大的痛苦，用颤抖的手涂写着一个个音符，用山西民歌《五月鲜》、广东音乐《下山虎》、陕西民歌《观灯》《秧歌》和中国古情歌等五首歌曲为题材，写成了他一生最后的作品《中国狂想曲》。

冼星海的病情一天天恶化。1945年10月30日，身处异国的冼星海，与世长辞了，年仅41岁。冼星海是继聂耳之后，又一位伟大的人民音乐家。他的名字和他的不朽名作，将永远活在人民心中。

《黄河大合唱》的意义

这部作品创作于1939年，它以黄河为背景，热情赞颂了中华民族的不屈不挠、能够战胜任何艰难险阻的坚强意志和斗争精神以及悠久的文化历史，突出地表现了中国人民勤劳朴实、酷爱自由、胸怀宽广的崇高品德，愤怒地控诉了敌寇的入侵给黄河两岸人民所造成的深重灾难。最后以激昂的旋律威武雄壮地奏出了中国人民在共产党领导下，为反抗日寇的侵略、为保卫黄河、保卫全中国而英勇战斗的时代最强音。整个作品自始至终都以扣人心弦的艺术感染力鼓舞人们为真理和正义而战斗，对未来和胜利充满着信心。《黄河大合唱》是一部反映中国人民为求民族解放、争取民族独立和民主自由而斗争的优秀作品，在艺术上也有很高的成就和独创性。

《黄河大合唱》演出后，轰动了整个延安。1939年5月11日，在庆祝鲁迅艺术学校成立一周年的晚会上，毛泽东观看了冼星海亲自指挥的演出，连声称赞。同年7月，周恩来也观看了《黄河大合唱》的演出，并亲笔给冼星海题词："为抗战发出怒吼！为大众谱出呼声！"郭沫若在《黄河大合唱》的序中写道："《黄河大合唱》是抗战中所产生的最成功的一个新型歌曲。音节的雄壮而多变化，使原有富于情感的词句，就像风暴中的浪涛一样，震撼人的心魄。"《黄河大合唱》的问世，对抗日民族解放斗争起了巨大的鼓舞作用。

◎ 聂 耳

聂耳（1912—1935 年），原名聂守信，字子义（亦作紫艺），中华人民共和国国歌《义勇军进行曲》的作曲者。云南昆明人，伟大的人民音乐家，现代革命音乐的奠基者。聂耳从小喜爱音乐（改名为"聂耳"的原因是因为他的耳朵特别灵），1918 年就读于昆明师范附属小学，自学了笛子、二胡、三弦和月琴等乐器，担任学校"儿童乐队"的指挥。1927 年聂耳毕业于云南省立第一联合中学，进入云南省立第一师范学校。期间，自学了小提琴和钢琴。

聂 耳

1931 年 4 月，聂耳考入黎锦晖主办的"明月歌舞剧社"，任小提琴手。1932 年参加左翼戏剧家联盟音乐组（前苏联之友社）。1933 年，聂耳由田汉介绍加入中国共产党。1934 年 4 月，聂耳加入百代唱片公司（中国唱片厂前身）主持音乐部工作，同时建立"森森国乐队"。1935年初，聂耳创作了著名的《义勇军进行曲》。

聂耳一生共创作37首乐曲，其中反映工人阶级生活和斗争的歌曲占有较大比重。聂耳的代表作品还有《毕业歌》《前进歌》《大路歌》《开路先锋》《码头工人歌》《新女性》《飞花歌》《塞外村女》《铁蹄下的歌女》《告别南洋》《梅娘曲》《卖报歌》，歌剧《扬子江暴风雨》及民族器乐曲《翠湖春晓》《金蛇狂舞》等。

嗜好音乐的艺术家庭

聂耳的父亲是个中医，在聂耳四岁的时候去世了。因为家里穷，人口又多，聂耳是在贫寒的环境中长大的。母亲为让他上学读书，东拼西凑了一些钱，才送他进了小学。聂耳的故乡云南，不但风景秀美，而且是歌舞之乡。聂耳自幼就被这里优美的民歌、花灯戏、滇剧等深深吸引，并对民族音乐产生了浓厚的兴趣。

他家隔壁住着一位姓邱的木工师傅，每天干完活以后，总爱拿着一支短笛，坐在门口吹奏小调。小调吹得悠悠扬扬，别提多好听了。聂耳被这笛声吸引着，总忍不住往邱师傅家里跑。他想："这么一根小竹棍，挖上几个孔，怎么就能吹出这样美妙的声音呢？"于是，他向同学借来了一支笛子，也试着吹起来，还主动向邱师傅请教。

"师傅，你的笛子吹得那么好，教教我吧！"他说。"我认识你，你是聂家的孩子。我也吹得不好，不过愿意把知道的告诉你。"于是，邱师傅就耐心地教聂耳吹笛子。聂耳非常聪明，听力尤其好，很快就学会了。在他的影响下，两个哥哥也着了迷，学会了吹笛子。不久，哥仨用长辈给的压岁钱买了一支笛子和一把胡琴。从此，聂耳对乐器更有兴趣了，又学会了拉胡琴，弹三弦和月琴。两个哥哥也学会了几样乐器。

这样，他们这个家庭就乐声不断。每天晚上，三兄弟就你吹我弹，齐奏音乐，什么《梅花三弄》《苏武牧羊》《木兰辞》等曲子，都演得很好。有时候，他们还找来别家的会乐器的小伙伴合奏。悠扬的乐曲，常引来许多邻居们来听，演了一个，又要求再来一个。大家都称赞说："聂家弟兄真有本事，能开家庭音乐会了！"

那年八月十五中秋节，他们又办起家庭音乐会。快结束的时候，聂耳望着明亮的月光对大家说："我们何不到翠湖去，边演奏，边赏月，欢度中秋啊！"在聂耳的带动下，大家来到了美丽的翠湖。这里的人真不少，有对歌的，有吹弹乐器的。他们围坐在堤上，有时合奏，有时独奏，玩了个通宵，天快亮了，才回家去。

走上革命之路

聂耳在上小学的时候，参加了学校的儿童乐队，因为他会的乐器多，识谱能力又强，还当了指挥。他还能演戏，会唱歌跳舞，表演节目，在学校里是个引人注目的文艺尖子，可是聂耳更是个爱国又懂得大道理的青年。1925年，他小学毕业后，升入中学。这一年，上海发生了"五卅惨案"，全国人民掀起了反帝爱国斗争。聂耳也积极参加了，和宣传组的同学来到茶馆表演。他先把锅烟子抹在脸上、手上和脚上，扮成小黑人，跳起黑人的踢踏舞，然后又发表讲演，号召大家捐款，支援上海工人。

后来，他进入省立师范学校学习。这时候，云南的革命力量发展很快，聂耳在学校里接触了革命组织，也参加了一些革命活动。可到了1928年，云南当局开始镇压革命运动。有一天，聂耳亲眼看见刽子手残忍地枪杀了三位革命者，还割下他们的头颅，挖出心，暴尸三日。他又愤怒又难过，对家里人说："他们犯了什么罪？为什么要杀他们！"

从此，聂耳变了，不再无忧无虑地吹拉弹唱，而是认真地读起了进步书刊，哼起了《国际歌》《伏尔加船夫曲》这些革命歌曲。不久，在革命低潮中，聂耳毅然加入了共青团，投入了地下革命活动。在一篇《我的人生观》的文章里，他这样看待今后的人生历程："恶劣的社会快要和我们有为的青年交战了——每个人都是处在社会里的……就是要打倒恶社会，建设新社会。"从此，聂耳树立了为新社会而奋斗的理想。

为了革命"离家出走"

聂耳学会了许多民族乐器，仍不满足。有一次他听到邻居家传来了小提琴的琴声，情不自禁地说："小提琴真是动听，令人神往，我非学会不可！""可小提琴贵得很，咱家没钱买不起，即使有了，也没人教你呀！"家里人说。"我找上门去，向他请教！"聂耳说。

他于是主动找到那位邻居，提出向人家学习。那人是个音乐老师，听了非常高兴，两个人就交上了朋友。在老师的帮助下，聂耳不但学会了拉小提琴，还学习了不少外国名曲和乐理知识，对音乐更喜好了。不久，他就为师范学校的附属小学创作了一首校歌，这是他谱的第一首歌。

1930年，聂耳由于参加进步文化活动，被当局注意上了。一天，有个人匆匆来到他家里，对聂耳的哥哥说："快让守信躲一躲吧，最好离开昆明！""怎么回事？""有人告发他是共青团员，已把他列入黑名单的第二名了！"聂耳决定到上海去。临行前，他对母亲说："不管道路怎样艰难曲折，我一定坚定地闯过去，决不后退，决不堕落！"只有18岁的聂耳离开了家乡，走向了辉煌的人生。

1930年8月，聂耳来到了上海，先在一家云南商号当伙计，同时注意寻找适合自己的工作。一天，他在报纸上发现了"明月歌剧社"招收学员的广告，就马上以聂紫艺为名赶去报了名。考试的时候，他拉了胡琴，又拉了小提琴，当场受到赞扬。那天的主考人是著名音乐家黎锦晖，他立时录取聂耳。

聂耳用仅有的钱买了一床被单和一双皮鞋，高高兴兴地搬到了歌剧社。他的演技进步很快，几个月后就升为第一小提琴手。因为他听力特别好，又姓"聂"，所以大家都叫他"耳朵先生"。后来，他就改叫聂耳了。可是，他对剧社演出的节目很不满意。当时日本已发动了"九·一八"事变，大举侵略中国。国家危亡，人民受难，可他们的节目仍然是轻歌曼舞，甚至低级庸俗。黎锦晖还说要为歌舞而歌舞。聂耳心想："这和靡靡之音有什么区别？我是个革命的青年，要尽自己的义务，挽救这个团体。"

不久，他就以"黑天使"为名，在《电影艺术》杂志上写了一篇文章《中国歌舞短论》。他点名批评了黎锦晖这位大音乐家走上了歧途，他写道："我们所需要的不是软豆腐，而是真刀真枪的硬功夫。如果仍然为歌舞而歌舞，那就莫想踏上艺术之途！"

黎锦晖不能理解聂耳，两个人产生了矛盾。聂耳决定离开明月社。不久，他认识了田汉等革命文艺工作者，参加了左翼剧联的音乐小组，学习了革命的理论和音乐的理论，心情十分舒畅，他说："音乐和其他艺术，如诗、小说、戏剧一样，是在替人民大众呐喊。大众必然会要求新内容的音乐！"

时代的音乐之神

1933年3月，聂耳在联华影业公司担任音乐股主任。此后，他为一系列电影和戏剧创作了主题歌和插曲，取得了巨大的成就。在电影《母性之光》中，聂耳创作了他的第一首电影歌曲《开矿歌》。他还在影片中扮演了一个矿工，并领唱这支歌。当时的电影在剧本和表演上往往不够成熟，内容也不够深刻，而聂耳的插曲却充满了力量，弥补了影片的不足。如《桃李劫》这部影片，人物的反抗精神不是很强，使人感到压抑。而聂耳的《毕业歌》却异峰突起，使人振奋，使人鼓舞。难怪当时一些影片的内容往往影响不大，而聂耳的歌曲却令人难忘，很快流传开了。

聂耳创作的歌曲具有最鲜明的时代特征：曲调明快有力，动听感人，具有强烈的鼓舞力量。这些歌曲唱出了爱国者、革命者的心声，唱出了受压迫人民的呼喊，也反映了他们的生活和对未来的期待。如充满痛苦和愤怒的《码头工人歌》，沉着坚定的《大路歌》，奋发向上的《开路先锋》，都表现了工人群众的强大力量。《铁蹄下的歌女》等又表达了歌女的不平，《毕业歌》《前进歌》等唱出了中国人民誓死抗战的决心。

啦啦啦，啦啦啦，我是卖报的小行家，不等天明去等派报，一面走一面叫，今天的新闻真正好。七个铜板就买两份报！……

这首《卖报歌》是聂耳谱写的一首儿童歌曲，几十年来传唱不衰。当年，聂耳写出这首歌，是深入生活的结果。平时，他也常把自己的歌唱给群众听。

一般人都知道聂耳创作了许多歌曲，却不知道他在改革民族音乐上也曾立下一份功劳。他真正做到了吸取西洋音乐的长处，来弥补民族音乐的不足。1933年，报纸上刊登了一则百代唱片公司招考国乐（民族音乐）队队员的广告，主考人就是聂耳。百代公司的老板是英国人，利用外国公司不受国民党政府注意这个方便条件，聂耳曾以灌制畅销电影歌曲为名，领导出版了大批进步歌曲唱片。百代国乐队一共只有四个人，当时，国乐不吃香，一时吸收不到什么人，聂耳主张先搞起来再说，他自己就担当了这个四人国乐队的队长，对大家说："中国乐器的演奏技巧应该改变。我们要使只会齐奏的国乐改为合奏，能演奏轻音乐和舞曲。这样才能受欢迎。"

聂耳几乎天天指导乐队练曲。曲目是他自己编的《金蛇狂舞》《翠湖春晓》等合奏曲。练曲时，他时常用三弦或打击乐器试奏出各种鲜明的节奏。由于人手不够，他要求队员们多学几种乐器，队员们往往是放下这件乐器又拿起那件乐器，听起来很和谐。聂耳给这个乐队起了个名叫"森森乐队"，大家还凑钱做了统一的演出服装。

第一次公开演奏是在上海民立女中的游艺会上。那天，大幕徐徐拉开，一曲节奏明快、热烈的《金蛇狂舞》立刻使观众兴奋起来，台下响起热烈掌声。紧接着，乐队又奏起了优美抒情的《翠湖春晓》，观众完全被乐曲的美妙旋律陶醉了。人们看到，中国乐器演奏也有指挥了，也能像西洋乐队那样合奏了。

创作《义勇军进行曲》

1935年,田汉、夏衍等人创作的影片《风云儿女》要开拍了。影片中的《义勇军进行曲》由田汉作词,聂耳谱曲。一拿到《义勇军进行曲》歌词,聂耳就被深深感染了。他几乎废寝忘食,夜以继日地谱写着这首歌。他把自己关在房子里,一会儿在桌上打拍子,一会儿坐在钢琴前弹琴,一会儿在楼板上不停走动,一会儿又高兴得唱起来。楼下的房东老太太以为这个房客在发疯,跑到楼上大吵大闹,直到聂耳向她说明情况并道歉才算了事。

有一天,聂耳拿着写好的歌谱来找《风云儿女》的导演许幸之。"《义勇军进行曲》谱好了!"他大声说,聂耳用手在桌子上打着拍子,唱了起来:"起来,不愿做奴隶的人们!……"曲调如此激昂有力。许幸之顿时感到一种催人奋进的力量,听得入了神。"老兄,提提意见吧!"聂耳热情地说。"太好了。"许幸之说,"只是最后一句还不够有力。""那就再改!"

两个人一边唱一边改,原来的唱法是:"我们万众一心,冒着敌人的炮火前进!前进!前进!前进!"修改后成为:"我们万众一心,冒着敌人的炮火前进!冒着敌人的炮火前进!前进!前进进!"由于增加了迭句,以有力的休止符收尾,就把挺身向前的气势表达得更准确了。

不久,革命文化活动遭到镇压,聂耳也被人注意上了,有被捕的危险。上级决定让他出国到欧洲考察。1935年4月，聂耳匆匆离开上海，到了日本。5月初，他把《义勇军进行曲》的定稿寄回国内，为自己完成了这一任务而兴奋不已。

不幸的是，这年7月17日，聂耳在日本神奈县藤泽市海滨游泳时，因溺水而遇难。当时，他才23岁。《义勇军进行曲》成了他献给祖国的遗作，后来被定为中华人民共和国国歌。聂耳一生虽然如此短暂，从事音乐活动也只有三四年的时间，却为革命音乐树立了丰碑，不愧是伟大的人民音乐家。

郭沫若题写的聂耳墓志铭

聂耳同志，中国革命之号角，人民解放之声鼙鼓也。其所谱《义勇军进行曲》，已被选为代用国歌，闻其声者，莫不油然而兴爱国之思，庄严而宏志士之气，毅然而同趣于共同之鹄的。聂耳呼，巍巍然，其与国族并寿，而永垂不朽呼！聂耳同志，中国共产党党员也，一九一二年二月十四日生于风光明媚之昆明，一九三五年七月十七日溺死于日本鹄沼之海滨，享年仅二十有四。不幸而死于敌国，为憾无极。其何以致溺之由，至今犹未能明焉！

对聂耳的评价

聂耳是天才的音乐家，又是革命者。恰恰因为后者，才能出现前者的辉煌。"文以载道，诗以言志，乐乃心声"。聂耳本人乃至他那些激越高昂的不朽作品，都是那个特定的民族危亡时代所造就。那些铿锵有力的音符，也都是当时环境下人民的心声。日本侵华和国内抗日群众运动的风雨，在他心中激起澎湃的心潮，音乐与革命从此结合到一起。1932年，上海"一二八"事变爆发的十天后，即2月7日，在外面隆隆炮声可闻、难民在街上到处流离奔走哭喊的环境中，聂耳在日记中首次提出"怎样去做革命的音乐"。聂耳是一个天才的音乐家，又是一个革命者，而且恰恰因为后者，才能出现前者的辉煌。

《义勇军进行曲》在银幕上首次响起时，不幸正逢聂耳去世，但这支歌作为民族革命的号角响彻了中华大地，还享誉全球。在反法西斯战争中，英、美、印等许多国家电台经常播放此歌。战争结束前夕，美国国务院还批准将其列入《盟军胜利凯旋之歌》中。新中国成立前夕征集国歌时，周恩来就提出用这首歌，并在新政协会上一致通过。在1949年的开国大典和此后每年的国庆节，聂耳谱出的乐章都雄壮地奏响，这足以告慰亡逝于异国的英灵。

◎ 乔 羽

乔羽，著名词作家，有"词坛泰斗"之称，山东济宁人。历任中央戏剧学院、中国戏剧家协会、文化部剧本创作室创作员。1977年后历任中国歌剧舞剧院副院长、院长，中国剧协第四届理事，中国音乐文学学会会长。著有电影文学剧本《刘三姐》《红孩子》，歌词《我的祖国》《牡丹之歌》《人说山西好风光》《让我们荡起双桨》《心中的玫瑰》《难忘今宵》《思念》《说聊斋》《巫山神女》《夕阳红》《爱我中华》《祖国颂》等，广泛流传，成为人们传唱的经典之作。

乔 羽

勤奋好学的童年

乔羽，原名乔庆宝，1927年出生于山东济宁的一个贫苦家庭。家里有八口人，爸爸年岁大了，不能出去工作，为了挣钱养家，20岁左右的哥哥，只好去店里做店员，每天辛苦工作，挣钱养活全家。小乔羽从小就很爱学习，在四岁时，就认识了三千多个字，还在爸爸的指导下认认真真地学写毛笔字，见他这样聪明、好学，全家人都很喜欢他。

与别的孩子不同的是，小乔羽的观察能力特别强。一个初春的午后，爸爸带他到城外的田野里玩。当时，草儿还没有完全长出来，远远地只能看到一片枯黄的荒草。突然，爸爸惊喜地说："庆宝，你快看，那远处的草地有些发绿了！"可是，等乔羽跟着爸爸跑到有绿草的地方，看到的却是枯萎的荒草；回到远处再望时，绿地又出现了；再跑回去，看见的还是正在跟风儿吵架的枯草。真是太奇怪了！这时，爸爸对他说："很奇怪，对吗？远看明明有绿色，近看却是黄色。你不是读过韩愈的诗吗？想一想，那句'草色遥看近却无'说的是不是这种情景？"乔羽一听，乐了，爸爸说的真对！从此，乔羽对事物的观察和体悟更加仔细了。他喜欢品味其中的新鲜东西，每当看见有趣的事物，就自然地在心里想："这种东西，要怎样形容，才会更生动、更形象呢？"

很快，小乔羽到了上学的年龄。每当看见别人背着书包去上学，他的心里就痒痒的，可他很懂事儿，知道家里连吃饭都成问题，就不好意思开口向哥哥要钱了。乔羽那么小，要钱做什么呢？原来，那时候的学校有两种：国立学校，是不收费的，但环境差，管理不严格，老师的教学质量也不高，教学设施和用具都不齐全；私立学校相对较好，却要收很高的费用，只有富人的孩子才上得起。后来，乔羽听别人说，在私立学校读书的孩子，如果能考上第一名，以后就可以免交学费了，不过，在最初入学时，却需要交上一块银圆。可是，当时的一块银圆，可以买下250个烧饼，够乔羽全家吃上好几天呢。这么贵重的银圆，怎能张口向哥哥要呢？

一天，哥哥下班后，对正在那里看书的乔羽说："庆宝，国立小学就要开学了，你得去上学去呀！"乔羽抬起头，望着哥哥消瘦的脸，小声说道："哥哥，我想去私立学校读书！"听了乔羽的话，哥哥有些为难了："私立学校是要交学费的呀。"乔羽回答说："我知道。可是，我只要一块银圆就行了。我听说，要是能考第一名，以后就不用再交学费了。哥，你放心，我一定能考第一名！"见弟弟这样懂事，哥哥感动了，他噙着泪水说："好的，庆宝，这块银圆，我说什么也要给你！"

就这样，乔羽拿着哥哥给的一块银圆，走进了私立学校。在学校里，乔羽读书非常用功，老师们都很喜欢他。乔羽想："我一定要说话算数，就是拼了命，也要拿第一，绝不让哥哥失望！"结果，乔羽果然考取了第一名，哥哥和家人都为他高兴。

可是，不久发生了一件出乎意料的事。在私立学校，需要穿统一的校服，虽然私立学校的校服漂亮、讲究，但这就要每个学生再交上一块银圆。乔羽想："这可怎么办呢？哥哥那么辛苦地挣钱，多不容易呀！怎么好意思再向他开口要钱买校服呢？"于是，乔羽难过地低声对老师说："老

师，我家的情况是这样的……所以，我不能再向哥哥要钱了！"说完，他的眼圈红了。老师听了，很受感动，允许乔羽不穿校服来上学，这样，他就不必交那一块银圆了。

以后，每当同学们在操场上做操时，乔羽就一个人孤孤单单地坐在教室里，在窗内羡慕地望着。多么漂亮的校服啊！外面的阳光多么好啊！就因为没有校服，他却不能与同学们一起感受那温暖的阳光。在学校组织大型集会时，要求每个人都必须参加。但是，没有校服的乔羽却不能坐在同学们的中间，只能坐在别人看不见的地方，暗暗地难过。最后，哥哥终于知道了乔羽没有校服的事，便对乔羽说："庆宝，我再给你一块银圆，去买校服吧！"乔羽接过银圆，两眼湿润了，感动得一句话也说不出来。哥哥拍拍他的肩，说道："庆宝，别难过，只要你能好好学习就行了。"

穿上校服后，乔羽终于可以和同学们去操场上做操了。那一天，太阳红彤彤的，喜鹊在操场边的杨树上"喳喳"叫着，好像在为乔羽感到高兴。"哥哥，你放心！我一定会好好学习的！"对着暖暖的太阳和悠悠的白云，小乔羽暗暗许下了诺言。此后，乔羽学习更加努力了。他知道，自己跟别的同学不同，家里没有钱，交不起学费，如果不考第一名，他就只有退学了。他要对自己负责，他也不能让哥哥失望。所以，在别的孩子玩耍的时候，他仍一心扑在功课上，别的事情都不去想。

由于乔羽从小就爱学习，基础比别的孩子好。刚上一年级时，乔羽读第一篇课文里"小小猫，跳、跳、跳！"时，觉得非常轻松。因为，早在四岁时，乔羽就能读《三字经》《百家姓》《千字文》了。老师发现了这一点，便对乔羽说，"乔庆宝，我看你就上三年级吧。"由于乔羽上学较晚，比班上的多数同学年龄都大。但乔羽实在太聪明，太用功了，所以在三年级读了一段时间后，直接跳到了五年级，一下子成了班里年龄最小的学生。每天放学以后，他回到家里都会自觉地学习。在昏暗的油灯下做功课，他的愿望只有一个，那就是长大了做一个有知识的人。有时，妈妈已睡了一觉，见乔羽还在油灯下学习，就心疼地说："庆宝，不要太累了，早点儿睡觉吧！"其实乔羽也想休息，可他知道，不好好学习就无法实现自己的愿望。

在学校里，乔羽的作业做得最好，作文写得非常优秀，毛笔字写得工整而隽秀。当时，学校里有个规定，好的作业都要存入档案保留，乔羽是全校作业被保留最多的学生。乔羽认为，他后来能有所成就，靠得就是当时的知识积累。可惜，由于生活的贫困，读完中学以后，乔羽就不得不离开学校了。当时老师非常惋惜地对他说："太可惜了！乔庆宝，以你的学习成绩，考全国的哪一所大学都能考第一！"

乔羽真得放弃学习了吗？没有，乔羽一直坚持学习，通过自己的努力终于考上了大学，最后成为一名词作家。回顾过去，他深深地知道，如果没有在贫困的家庭中长大，小时候他学习或许没那么刻苦，也不会早早地懂事，成为一个坚强的人，更不会成为国内外知名的词作家。

乔老爷与《刘三姐》

与乔羽见面,一般人都会称呼他为"乔老爷",或者干脆简称"老爷",而他居然高高兴兴地应答。为什么会这样,乔羽有他的说法:"这个称呼可谓历史悠久啦,那还是20世纪60年代电影《乔老爷上轿》轰动影坛的时候,一群圈内人发现我的音容笑貌酷似剧中人乔老爷,再加上我刚好也姓乔,于是赐给我'乔老爷'的称呼,一传十、十传百,天长日久就这么叫起来了。"

还有这么一则轶事:有一次,邓颖超同志接见文艺界的朋友们,见面后一一握手寒暄,当握到乔羽的时候,邓颖超眼睛一亮,非常认真地问道:"乔羽同志啊,怎么人家都喊你'乔老爷'呀?连周总理也叫你乔老爷。"乔羽只得把这个称呼的由来说给邓颖超听,听得邓颖超哈哈大笑说:"看来我也得喊你一声乔老爷了。"

乔羽先生大学时念的是文学系,毕业后终身从事的也是他所钟爱的文学创作工作,这当然是令人羡慕的。然而更加令人羡慕的,还是他的作品无论大至剧本小至歌词,大多能够经受得住时间的考验,久演不衰,久唱不息,成为经典,代代相传。

歌剧电影《刘三姐》,自问世后就在相当长的时期内成为发行量和上座率最高的影片,尤其是片中的那么多散发出泥土芬芳和哲理睿智之光的歌词唱段，更是家喻户晓，广为流传，人们怎么也难以想象它们竟然出自一位学院派的作家之手。乔羽说，这得感谢当年的老老实实、认认真真的刘三姐故乡的采风生活，同时更得感谢自己的老母亲，因为正是这位伟大的女性，通过口头传授的方式教给他那么丰富多彩的民间歌谣和民间故事，为他打下了扎实的民间文学"童子功"，使他受益终身。所以使他在创作《刘三姐》时能够那么得心应手入乡随俗地汲收当地民歌精华。

他随中国文艺家代表团访问巴基斯坦时，在卡拉奇举行的盛大招待会上，当介绍到乔羽先生就是电影《刘三姐》的作者的时候，全场掌声如雷。会后，许多广东籍的侨胞纷纷拥上来，与他合影，请他签名，并口口声声地称他为"广东乡亲"。一打听，原来在海外广东侨界普遍有个传说，认为歌仙刘三姐的祖籍其实是广东。在他们看来，能把刘三姐写得如此地道、把山歌写得如此动人的作者怎么能不是广东人呢？但是他们弄错了，其实乔羽却是地地道道的山东人。

乔羽先生豪爽、耿直，缘于他的"言为心声"的文学观，他要求自己笔下的每一行词句都必须是有实感而发、有真情而抒的心血结晶，而不是矫揉造作的。

◎ 傅庚辰

傅庚辰，1935年11月出生，黑龙江双城人，作曲家。先后毕业于东北鲁迅文艺学院音乐系、东北音乐学校作曲系。曾任中国人民解放军总政治部歌舞团团长、解放军艺术学院院长。历任第八、第九届中国人民政治协商会议委员。现任第十届中国人民政治协商会议委员、全国政协教科文卫体委员会副主任、中国音乐家协会主席、中国文联全国委员会荣誉委员。少将军衔。

傅庚辰

傅庚辰的主要作品有：电影音乐《雷锋》《地道战》《梅花巾》《闪闪的红星》《风雨下钟山》；歌剧《星光啊星光》；歌曲《雷锋，我们的战友》《红星歌》《映山红》《地道战》《请允许》《人民解放军占领南京》《毛主席的话儿记心上》《红星照我去战斗》《歌唱大别山》；文献片《共和国元帅叶剑英》。并为毛泽东、

周恩来、朱德、陈毅、叶剑英等人的诗词谱曲。

作曲家傅庚辰

军旅作曲家傅庚辰，这个名字为很多人所熟悉。有人说，铁打的营盘流水般的士兵中，第一代高唱傅庚辰作品的列兵如今有的已成了将军，而今天的列兵仍高唱着傅庚辰的新作品走向未来。曾挂过少将军衔的傅庚辰一直拥有着一颗难得的童心，即使他离职后如今又新当选了中国音乐家协会第五届主席，他说："我的心态很平和，这是广大音乐工作者给予我的做点事的机会，我会好好珍惜。"

傅庚辰特别钟爱"红星"和"童年"之类的字眼。他那荟萃了毕生创作精华的作品集取名为《啊，红星》，而几年前他为纪念抗战胜利 50 周年而辑录出版的作品磁带也冠以《童年印象》。对此，傅庚辰说他确实偏爱"红星"，因为，从他 12 岁加入革命队伍到离开军队工作岗位，那漫长的岁月中他一直是"一颗红星头上戴"，额前那颗红星已深深地烙进了他的灵魂。而那辽沈战役的枪声、朝鲜战场上空的敌机呼啸声，又深深地镌刻在他这位文艺小战士的童年与少年的记忆中。红星辉映下的童年，红星下跳跃着童心，永远是他这位党的孩子、军队文艺战士的真实人生写照。

然而，作为一个成熟的作曲家、艺术家和文艺单位的领导者，傅庚辰对童心又有更高一层的理解。他说每个人不能留住童年，但他告别幼稚时

不应抛弃童心，因为童心即真诚！真诚能使艺术家展开敏锐的情感触角，去采撷酿就艺术的花蜜和琼浆；真诚，也能使领导者视人如己，以团结之手挥去猜疑之阴影，架通心与心的桥梁！

1950年，经东北鲁艺音乐系深造的刚满14岁的傅庚辰，就极有才气地创作了他的处女作《秧歌舞曲》，并很快在东北及沈阳的广播电台中播出。1958年初，傅庚辰为志愿军撤离朝鲜创作《告别朝鲜》（后更名《中朝友谊之歌》）。对此，他完全可以闭门造车。可他坚持和词作者黎汀一起深入到上甘岭和三八线附近体验生活，终于使得这首旋律优美的歌曲一经传唱便不胫而走。1985年，中央领导同志访问朝鲜时，还特意指定要带上这首歌的录音带作为礼品。

1964年初，已调八一电影制片厂工作的傅庚辰，在接受了故事片《雷锋》的音乐创作任务后，打起背包来到"雷锋班"与战士实行"五同"，并广泛深入地采访了雷锋的生前战友及驻地群众。于是，那首"雷锋，我们的战友，我们亲爱的弟兄"传唱了几代人。

1983年，任八一电影制片厂音乐组组长的傅庚辰，突然被组织上的一纸调令调任总政歌舞团团长。这对半身从事艺术创作而没有管理工作经验的傅庚辰来说，确实是个转折和挑战！但真诚为人的傅庚辰清醒地认识到自己的不足，他在兢兢业业地履行自己职责的同时，"蓄谋"着"加油"和"充电"。

1986年，傅庚辰出人意料地给上级打报告，恳切要求免去他的团长职务，而换取的仅是去国防大学进修半年的机会。消息传开，众人不解，而后来大家获知其缘由后，对之敬然，组织上也获准其带职学习。那半年，傅庚辰如牛豪饮，日读夜半，涉猎280万字原著，写下十大本笔记，得到时任校长的张震将军赞赏。进修期满，成绩优良的傅庚辰却因苦读过度引发眼疾而住院月余。

以早逾不惑之龄而勇于入校解惑之举，傅庚辰展露了其内在的人格魅力！真诚，是面双面镜，于人于己都能施之一致，实属不易！在云南前线，傅庚辰带着一个7人演出小组要去最前沿阵地慰问，途中必经敌人炮火封锁区，生命随时面临威胁。但傅庚辰坦然地预见到自己"万一回不来"的可能性，他向慰问团的其他同志交代了出现这种情况后应该处理的工作，然后义无反顾地登上了第一辆车。

真诚，伴随着傅庚辰的艺术之路和为官之途。如今，他面对着丰硕的创作成果，依然想着最好的是"下一个"。而无论他担任总政歌舞团团长、解放军艺术学院院长、全国政协委员、全国政协教科文卫体委员会副主任，乃至当选为中国音协第五届主席，他仍冀以真诚形成班子团结的"磁场"，干一番利国益民的事业。谈到音协的今后工作，傅庚辰用"当好桥梁、搞好服务、团结和谐、开拓前进"16个字概括了他的设想。

傅庚辰作品音乐会

2007年7月9日，"革命诗篇——傅庚辰作品音乐会"在民族宫大剧院隆重上演。在优美的旋律中，彭丽媛、宋祖英、阎维文等众多歌唱家用歌声唱出自己的心声。这台音乐会拉开了"庆祝中国人民解放军建军八十周年大型军旅音乐作品展演周"活动的序幕。

"革命诗篇——傅庚辰作品音乐会"可谓是众星云集，彭丽媛、宋祖英、阎维文、王秀芬、吕继宏、王宏伟、谭晶、雷佳、刘和刚等著名演员以及总政合唱团、总政交响乐团参加了音乐会的演出，指挥家郑健登台激情指挥。这场音乐会演出的曲目由傅庚辰创作的大量音乐作品精选而成，其中第一部分是傅庚辰为毛泽东、周恩来、陈毅、叶剑英等老一辈无产阶级革命家的诗词谱写的歌曲；第二部分为傅庚辰在改革开放以后根据翟泰丰的词作创作的大型声乐套曲《小平之歌》和其他歌曲新作；第三部分是根据傅庚辰的著名电影音乐《闪闪的红星》《地道战》创作的交响诗《红星颂》和交响组曲《地道战留给后人的故事》。他的音乐作品或气势磅礴，或悠扬婉转，在通过音乐的形式彰显老一辈无产阶级革命家博大胸怀方面独树一帜，成为其重要的艺术特点，而傅庚辰著名电影音乐《闪闪的红星》和《地道战》中的独唱歌曲《红星照我去战斗》《毛主席的话儿记心上》与合唱《红星歌》《地道战》已成为军旅音乐的经典之作。

◎ 大 卫

雅克·路易·大卫（1748—1825年），法国画家，是洛可可大师布雪的远亲，法国拿破仑政权的首席官方画家。他是新古典主义的推动者与实践者，主导当时艺术政策的制定。大卫在法国大革命时期投票赞成处决路易十六，自此，使他成为美术上拥有最大权力的人。

大卫画了很多巨大的宣传画，如《贺拉斯兄弟之誓》《理性的飨宴》等，此外着手绘制《马拉之死》纪念肖像。1798年，他所画的一幅《萨比奴的女人》画里，蕴

雅克·路易·大卫

涵着他对古代社会的憧憬。因崇拜拿破仑，而成为他的拥护者，拿破仑乐于利用他的绘画才华，来为自己宣传。大卫画了歌颂英雄事迹的《跨越阿尔卑斯山圣伯纳隘口的拿破仑》《拿破仑加冕式》以及《颁赐军旗的君王》。滑铁卢之役后，大卫逃到瑞士的布鲁塞尔。

大卫的绘画，融合了各种不同的风格。从年轻时严肃的新古典主义，到拿破仑时代转而采用威尼斯派的色彩及光线。他画的肖像画，构图极佳，而且非常写实。他是一位伟大的画师，带出如安格尔、杰拉、葛罗、吉洛地等几位杰出的弟子。

革命家大卫

雅克·路易·大卫，1748年诞生在巴黎一个服饰用品商人的家庭。9岁丧父，18岁进艺术学院学画。他学画认真，很快就表现出他的艺术才能。1784年所作的《荷拉斯兄弟的宣誓》，以古罗马的历史题材，反映出人民的英雄气概。这幅名画现在珍藏在法国巴黎卢浮宫艺术博物馆内。

1790年，大卫宣誓加入雅各宾俱乐部，成为法国革命时期的一位艺术事业领导人。就在这一年，他如实地创作了一幅历史名画《球场宣誓》。作为国民公会议员，他投票赞成处决国王。这件事，使他的妻子害怕了，终于同他离婚。离婚后，大卫全力投身于革命事业。反革命热月政变后，因为大卫是雅各宾派的重要人物，被捕入狱。妻子非常同情他的遭遇，亲自到监狱探望，表示愿意复婚。从此，夫妻重归于好。

拿破仑执政后，授予他"首席画家"的荣誉称号。大卫曾为拿破仑画过多种肖像，其中《波拿巴飞越阿尔卑斯山》富有浪漫主义的色彩。拿破仑失败，波旁王朝复辟以后，大卫因曾投票赞成处决国王，被剥夺公民权和全部财产，只能离开祖国到比利时去避难。1825年底，他因车祸死于布鲁塞尔。死后，复辟王朝仍然不准将他的尸体运回国内安葬。直到1830年"二月革命"推翻了复辟王朝以后，他的尸骨才安葬到巴黎拉雪兹公墓中他妻子的坟墓里。

名画《马拉之死》

在比利时布鲁塞尔博物馆里，珍藏着一幅法国画家大卫创作的世界名画——《马拉之死》。他以刚劲沉郁的笔触，满怀深情地描绘了这位法国大革命英雄人物以身殉职的壮烈情景。众所周知，马拉是一位著名的物理学家。在法国大革命中，他是雅各宾派的重要领袖，革命喉舌《人民之友报》的主编。1793年7月13日，被吉伦特派的女特务夏洛蒂·科尔黛暗杀。《马拉之死》真实地再现了当时的历史画面。

画面的上半部是黑乎乎、空荡荡的一片，给人以一个悲壮的背景。马拉裸出上身躺在浴缸里，这是因为他身患严重的皮肤病，经常是浸在水里办公的。胸前有一处伤口，鲜血往下直淌，染红汗巾，是他以身殉职的见证。死者头向后仰，面对观众，左手拿着一封信。信上写着："1793年7月13日，安娜·玛丽·科尔黛致函公民马拉。我够不幸的了，完全有权得到您的同情。"女特务夏洛蒂，就是借助这封信，走进马拉住房的。

浴缸边放着一只小木桌，小木桌上有一瓶墨水和一份文件，文件上是马拉写的字:"你把这一张五法郎的纸币转交给五个孩子的妈妈,她丈夫为保卫祖国牺牲了……"马拉正是在写这份文件时被刺的。他的右手垂在地上,手里还紧紧地握着一支羽毛笔,说明他至死不忘工作。地上还有一把匕首,当然是女特务行刺的凶器。这一幅简洁而庄严的肖像画,栩栩如生地展示了革命家马拉伟大的一生,他英勇,顽强,热爱人民,给人以鲜明的印象。

大卫之所以能够如此深刻地画出这幅《马拉之死》,因为他本身就是一个革命家。1793年7月12日,也就是马拉被刺的前一天,他曾到马拉家去看望。马拉身患重病,坐在浴缸里办公的情景,使他大为感动。马拉遇刺的这一天,大卫正担任国民公会的执行主席。当他听到这个消息,立即亲赴现场,用画笔实地画下马拉牺牲的现场素描,并亲笔写上题词:"献给人民之友——马拉"。接着,他用了三个月的时间,以深厚的革命情谊,创作了这幅永世不朽的世界名画——《马拉之死》。

◎ 米开朗琪罗

米开朗琪罗（1475—1564年），意大利文艺复兴时代雕刻家、画家、建筑师。1475年3月6日生于阿雷佐附近的卡普雷塞，1564年2月18日卒于罗马。集雕刻家、画家、建筑家、诗人于一身。在长达70余年的创作生涯中，历经坎坷，创造了许多天才作品，为人类文明增添了不朽的篇章。是文艺复兴盛期的代表。1488年起，就在佛罗伦萨画家吉兰达约的作坊学徒，后因爱好雕刻转入以保存古典雕刻遗物著称的美第奇庭园。

米开朗琪罗

1494—1499年，米开朗琪罗游学威尼斯、罗马等地。1501—1505年间在佛罗伦萨创作。1505年应罗马教皇之召赴罗马，为教皇朱里奥二世设计及制作陵墓雕刻。1508—1512年，他完成了梵蒂冈西斯廷礼拜堂屋顶壁画，这是他一生最大杰作。米开朗琪罗著名艺术作品有《最后审判》《阶梯旁的圣母》《山陀儿之战》《酒神像》《哀悼基督》《大卫》《卡西纳之战》《神圣家族》等。

雕刻艺术的大师

　　文艺复兴时代伟大的艺术家米开朗琪罗，是视觉艺术史上的杰出人物。他是无与伦比的画家、雕塑家和建筑设计师。他留下的艺术杰作，四百多年以来一直使观众蔚然惊叹，他的作品对欧洲绘画和雕塑艺术的发展影响深远。1475 年，米开朗琪罗生于意大利距佛罗伦萨约四十英里的卡普拉斯小镇。小的时候，他就显露出艺术天才。13 岁时，他拜佛罗伦萨著名画家基尔兰达约为师。15 岁时，他被佛罗伦萨的统治者梅迪契带进宫内，同他家人住在一起。梅迪契成了米开朗琪罗的保护人。

　　米开朗琪罗的天才展露在他的整个艺术生涯，教皇和国王频繁地请他设计制作艺术品。虽然他到过很多地方，但大部分时间他住在罗马和佛罗伦萨。1564 年，在他 89 岁生日的前夕，他在罗马去世，终身未娶。虽然米开朗琪罗不如他的同时代人达·芬奇那样全才，但他多方面的艺术才能仍然令人惊叹。他是唯一的一位在人类追求的两种艺术（绘画和雕塑）形式中，都达到了顶峰的艺术家。作为画家，他精湛的作品以及留给后人的印象，可以说是位于顶峰或是接近顶峰。他在罗马西斯廷教堂天花板上的巨幅壁画，是历史上最伟大的作品之一。尽管如此，米开朗琪罗一直认为自己主要是一位雕塑家。他的著名作品《大卫》《摩西》和《圣母怜子》，是无与伦比的艺术珍品。

此外，米开朗琪罗还是天才的建筑设计师。他的建筑设计代表作是佛罗伦萨梅第奇家族教堂。在罗马圣彼得大教堂的设计中，米开朗琪罗作为主要的设计者，曾为此工作多年。米开朗琪罗一生曾写过很多诗歌，约有三百首流传下来。这些诗歌大多是在他去世后才得以收集出版。这些作品反映了他的个性和情感，并表明他确实是一个有天赋的诗人。

米开朗琪罗在致力于领悟古人成就时，也致力于解剖人体，研究人体的结构和运动，这使他成为最充分发挥人体表现力的美术家之一。不同于充满深邃智慧之美的达·芬奇的艺术，米开朗琪罗的作品以力量和气势见长，具有一种雄浑壮伟的英雄精神。

或许，他是一位最接近贝多芬境界的美术家。在他的雕塑上，在他的绘画中，一个个巨人般的宏伟形象挺立起来，就连他塑造的女性形象，也都具有刚勇的气概，仿佛是神话中的阿玛宗女子。代表雕像《大卫》，是美术史中最为人们熟悉的不朽杰作，也是最鲜明展示盛期文艺复兴意大利美术特点的作品。在用一块久被弃置的名贵石材雕刻大卫形象时，他真正实现了把生命从石头中释放出来的理想，以精湛的技巧、强烈的信心，雕雕塑《垂死的奴隶》凿出这尊完美的英雄巨像。

米开朗琪罗的建筑设计，大胆运用古典柱式，开创了一代新风，并且善于突出柱式结构的立体感，对日后的巴洛克建筑有很大影响，也对意大利的文艺复兴有很大的启发作用。米开朗琪罗晚年除负责圣彼得大教堂的建筑工程外，还参与了法尔内塞宫、皮亚城门和卡皮托广场的建筑设计，其中代表作是为圣彼得大教堂大厅设计的大圆顶。这个大圆顶底座以古典

风格装饰，檐部屏板雕以花环，给人以坚实富丽之感；圆顶本身外形曲线富有生气，是他在建筑设计方面体现固有的雄伟有力的艺术风格的典范之作，为以后欧美各国的大教堂和政府大厦的屋顶建筑树立了样板。

其他重要作品还有晚年创作的祭坛画《最后审判》和为教皇尤里乌斯二世陵墓所作的雕刻；这座陵墓虽未完成，但许多雕刻却是他最成熟的作品，如《摩西》《垂死的奴隶》以及其后为美第奇家族墓室雕刻的《昼》与《夜》和《旦》与《夕》等。米开朗琪罗一生曾写过很多诗歌，约有三百首流传下来。这些诗歌大多是在他去世后才得以收集出版。这些作品反映了他的个性和情感，并表明他确实是一个有天赋的诗人。

◎ 达·芬奇

达·芬奇（1452—1519 年），意大利文艺复兴时期美术家、自然科学家、哲学家。1452 年 4 月 15 日诞生于意大利佛罗伦萨附近的芬奇镇一个殷实的公证人家庭。1466 年，他到佛罗伦萨的画坊中学艺。1470 年，他与老师维罗齐奥合作绘制《基督受洗》一画。次年，他独立绘画了《贝诺亚圣母》。他画的神像，冲破了近千年来统治欧洲画坛的神学框框。

达·芬奇

1482 年移居米兰。在这时间，他绘成名作《最后的晚餐》，这是一幅画在圣玛利亚·第列·格拉契寺院食堂里的壁画。题材取于《圣经》，费时一年。1500 年，他经威尼斯回到佛罗伦萨，约 1503 年绘成了著名的肖像画《蒙娜丽莎》，体现新女性生气勃勃的活力。1506 年后，他漂泊于罗马、米兰之间。1517 年迁居法国。晚年主要从事于机械、工程设计等。1519 年 5 月 2 日逝世。

画蛋的故事

达·芬奇是欧洲文艺复兴时期意大利卓越的画家。他从小爱好绘画,父亲送他到当时意大利的名城佛罗伦萨,拜名画家维罗齐奥为师。老师不是先教他创作什么作品,而是要他从画蛋入手。他画了一个又一个,足足画了十几天。老师见他有些不耐烦了,对他说:不要以为画蛋容易。要知道,一千个蛋当中从来没有两个是形状完全相同的。即使是同一个蛋,只要变换一下角度去看,形状也就不同了。比方说,把头抬高一点看,或者把眼睛放低一点看,这个蛋的椭圆形轮廓就会有差异。所以,要在纸上把它完美地表现出来,非下一番苦功不可。

维罗齐奥还说:反复地练习画蛋,就是严格训练用眼睛细致地观察形象,用手准确地描绘形象;做到手眼一致,不论画什么就都能得心应手了。后来达·芬奇用心学习素描,经过长期的艰苦的艺术实践,终于创作出许多不朽的名画,成为一代宗师。

美学的黄金点

古希腊有一个政治、宗教、数学合一的秘密团体,即毕达哥拉斯学派。该学派对五角星情有独钟,甚至将五角星作为团体成员的标志。因为他们认为五角星不但非常漂亮,而且五角星的每条边都有着迷人的比例性质:每条边小段与大段的长度之比恰好等于大段与全段的长度之比,比值约为0.618,即这个数被文艺复兴时期伟大画家、科学家达·芬奇称为"黄金数"。$BC/AB = AB/AC = AC/AC \approx 0.618$,满足以上比例关系的线段的分点被称为黄金分割点。

黄金数在自然界和人们生活中随处可见:人的肚脐是人体总长的黄金分割点,人的膝盖是肚脐到脚跟的黄金分割点;通常书的开本也满足黄金分割的特点;植物的生长也与0.618这个数有关;很多国家的国旗中都有五角星;许多建筑,比如古埃及的金字塔、巴黎的圣母院等也都与黄金数有关系。

产生这种现象的原因是因为人们发现0.618有很多奇妙的地方。比如,满足0.618的物体给人以美感;中医的许多疗法都和肚脐有关,并且疗效神奇;0.618还与优选法有关;宽与长的比约为0.618的窗户采光最好等。这一切说明0.618不愧为黄金数,的确有着深刻的内涵。

名画《蒙娜丽莎》

《蒙娜丽莎》并不大,高77厘米,宽仅53厘米,作于木板之上。按照通常的理解,作品描述的是佛罗伦萨商人佐贡多妻子的半身胸像。达·芬奇创作此画时,在艺术上可谓孜孜以求,他把自己对人像典型的审美理想全部倾注于此。她姿态优雅,笑容微妙,背景山水幽深茫茫,可以说是淋漓尽致地发挥了他那奇特的烟雾状笔法。他对于人像面容中眼角、唇边等表露感情的关键部位进行了细致地刻画,揭示了人物微妙的心理活动,给人以丰富的联想,达到神韵之境。

如果从其构图来看也确实有其独到之处。如果仅看画的表面,全然不似那种明快的线条,所见的只是纤细的色彩浓淡画法。直到近年,在X光摄影这种先进科技的协助下,这个充满神秘的天才技法才初次为世人所知。原来,达·芬奇所用的是以一种灰色松鼠毛制成的极细的笔,蘸上用溶剂冲淡的颜料,一次又一次地反复使用格列兹画法,表现出颜色的变化,最后以手指晕染出轮廓,加以润饰收尾。在X光照片上隐约可见达·芬奇的指迹。

其次,背景的绘法也出人意料。背景像是由各种不同的视点所观测的合成风景,人物两旁的湖面,即是写实画面中掺进超现实场景最好的例子。达·芬奇以晕染法呈现色彩的变化，以透视法烘托绘画的远近感，名画《蒙娜丽莎》所散发的神秘气息，可说是这位天才驾驭神秘技巧的成就。这种致力于完美的生动人像思想实为人文主义关于人的崇高理想的光辉体现。

◎ 拉斐尔

拉斐尔（1483—1520年），意大利文艺复兴时期画家、建筑师。1483年3月28日诞生于意大利佛罗伦萨以东的乌尔比诺城一个画师家庭。自幼学习绘画，1504年到佛罗伦萨，观摩达·芬奇等大师的作品。1508年，应罗马教皇的邀请至罗马，与米开朗琪罗、布拉曼特共同创造了文艺复兴时期的三大奇迹，即米开朗琪罗为教皇塑像、布拉曼特负责修复圣彼得大教堂、拉斐尔为梵蒂冈画装饰画。

拉斐尔

拉斐尔善于画圣母玛丽亚的神像。在中世纪时，所画的圣母像多是苍白消瘦、僵硬呆板，而拉斐尔笔下的圣母却是体现了人间女性的美和母性的慈爱。其中最著名的是《西斯廷的圣母像》和《圣母的婚礼》等作品，此外还有名画《雅典学院》《辨认会》等。由于积劳成疾，拉斐尔不幸于1520年4月6日病逝。

圣母像的画师

拉斐尔是意大利杰出的画家,和达·芬奇、米开朗琪罗并称文艺复兴时期艺坛三杰。他的作品博采众家之长,形成了自己独特的风格,代表了当时人们最崇尚的审美趣味,成为后世古典主义者不可企及的典范。其代表作有油画《西斯廷的圣母像》、壁画《雅典学院》等。

拉斐尔的父亲是宫廷画师,所以他从小就随父学画。11岁时,父亲去世,他给一位画家当助手。后来,他学习了15世纪佛罗伦萨艺术家的作品,开始走上了独创的道路。他从老师那里学到了色彩感觉与透视原理,绘画技巧相当成熟,才能已超过老师。在佩鲁基诺的引导下,拉斐尔跨进了佛罗伦萨的艺术世界,很快就融入到画家群里。他那讨人喜爱的外貌和善于自持的性格,立刻就为自己开辟了艺术道路。佛罗伦萨给了拉斐尔从未有过的艺术教益,他急切地吸取着大师们作品中的成就,他以一个学生的姿态对待达·芬奇和米开朗琪罗。他研究解剖学、观察大自然和新的社会中人际关系,他对生活、对人,尤其对女性和母亲更加充满感情和爱。

拉斐尔潜心研究各画派大师的艺术特点,并认真领悟,博采众长,尤其是达·芬奇的构图技法和米开朗琪罗的人体表现及雄强风格,最后形成了其独具古典精神的秀美、圆润、柔和的风格。

拉斐尔创作了大量的圣母像，显露出其非凡的天才。他的一系列圣母画像，都以母性的温情和青春健美而体现了人文主义思想。其中比较有名的有《圣母的婚礼》《带金莺的圣母》《草地上的圣母》《花园中的圣母》《西斯廷的圣母像》《福利尼奥的圣母》《椅中圣母》《阿尔巴圣母》等。

拉斐尔 21 岁时画的《圣母的婚礼》，不仅表明他充分吸收了佩鲁吉诺的艺术精华，而且后来居上，无论构图与形象塑造都有所创新。尤其是画面的平衡，背景的描绘，圣母玛利亚的端庄、文雅，均为前辈画家作品中所罕见。大型油画《西斯廷的圣母像》是拉斐尔最成功的一幅圣母像，是他怀着虔诚的心情谱写的一曲圣母赞歌。画面采用了稳定的金字塔形构图，人物形象和真人大小相仿，庄重均衡，画面背景全部用小天使的头像组成，构思新颖独到。圣母形象柔美圣洁，表现了母爱的幸福与伟大。

在《椅中圣母》中，拉斐尔将圣母形象刻画得更加人性化，圣母的装束深受异国风情的影响，色彩绚丽充满东方情调。整幅作品构图完整，充分体现了拉斐尔无与伦比的绘画技巧。拉斐尔最著名的壁画是为梵蒂冈宫绘制的《雅典学院》。这幅巨型壁画把古希腊以来的五十多个著名的哲学家和思想家聚于一堂，包括柏拉图、亚里士多德、苏格拉底、毕达哥拉斯等，以此歌颂人类对智慧和真理的追求，赞美人类的创造力。

教皇朱理二世为了赞颂自己，把最优秀的画家、雕刻家、建筑家都请到罗马来为他服务，当时，米开朗基罗正在为他画西斯廷教堂天顶画。刚满 25 岁的拉斐尔，在佛罗伦萨接到罗马送来的圣旨："为美化罗马而工作。"不久梵蒂冈的画家们被告知：除了拉斐尔和米开朗琪罗之外，其余的画家们全被辞退了。教皇认为罗马只要有这两位大师就足够了。

《圣母的婚礼》这幅画的构图样式、环境和人物配置皆模仿老师佩鲁基诺画的《基督将天门的钥匙交给彼得》，人物造型除带有老师娴静优雅的风格特征外，开始显露自己独特的柔美风格。画面取对称式布局，背景是顶天立地的多边形洗礼堂充满天堂。大量使用水平线、垂直线和半圆形曲线，造成刚中有柔、简洁明快、整体变化和谐的美感。画家巧妙地运用透视，使空间深远。

画面前景仍以对称式布满人物，视觉中心是代表神的意志的主教主持仪式，约瑟将订婚戒指戴在玛利亚的手上，左右两边分别两组男女青年。玛利亚后面的一组女子是她的女友，而约瑟背后的男青年则是求婚者，他们手执求婚标志的棍棒，谁的棒头开花，谁就是命中注定的玛利亚的未婚夫，正是约瑟的棒头开出一朵小花，这一神的意愿使其他求婚者陷入痛苦和不安，有的甚至激愤，前景中的青年就绝望地折断了手中的求婚棒。这是一幕充满戏剧性的场面。画中无论男女，形象都塑造得俊美，作者大量使用变化多样的曲线，人物的体态面貌、衣服的褶纹变化，都给人造成秀逸柔美之感。画家自己对这幅画很满意，第一次在上面签了自己的名字。

《雅典学派》在雄伟庄丽的大厅里，汇聚着人类智慧的明星，他们是不同时代、不同民族、不同地域、不同学派的杰出学者、思想家，古今同堂，自由热烈地进行学术讨论，可谓洋溢着百家争鸣的气氛，凝聚着人类天才智慧的精华。画面构图宏大，《雅典学派》的视觉中心人物是古希腊哲学家柏拉图和亚里士多德。一个以指头指着上天，另一个则伸出右指指着他前面的世界，以此表示他们不同的哲学观点：柏拉图的唯心主义和亚里士多德的唯物主义。围绕这两位大哲学家画了五十多个学者名人，各具身份和个性特征，形象生动，丝毫不显得杂乱。

　　他们代表着西方古代文明中七种自由学术：即语法、修辞、逻辑、数学、几何、音乐、天文等。画家借以表彰人类对智慧和真理的追求，以及对过去文明的赞颂，对未来发展的向往。我们欣赏这幅巨作，如同进入人类文明博大精深的思想世界，这个思想领域是由柏拉图和亚里士多德的争论展开的。他们两人从遥远的历史走来，边走边进行激烈的争论。

◎ 高 更

保罗·高更(1848—1903年),与塞尚、梵高同为美术史上著名的"后期印象派"代表画家。初期受印象派影响,不久追求东方绘画的线条、明丽色彩的装饰性。他与贝纳、塞柳司尔等先知派画家一起作画,成为"综合主义"绘画团体的中心人物。他与梵高共同生活两个月,导致梵高割耳的悲剧。起伏多变的生活境遇和同现实不可解决的矛盾,使他作品的思想内容比较复杂。他画中强烈而单纯的色彩、粗犷的用笔,以及具有东方绘画风格的装饰性,描绘原始住民的风土人情等,具有一种特殊的美感。

保罗·高更

1891年3月,他厌倦巴黎文明社会,憧憬原始与野性未开化的自然世界,向往异乡南太平洋的热带情调,为追求心中理想的艺术王国,舍弃世俗幸福生活,远离巴黎渡海到南太平洋的大溪地岛,与岛上土人生活共处。在这阳光灼热、自然芬芳的岛上，高更自由自在描绘当地毛利族原住民神话与牧歌式的自然生活，强烈表现自我的个性，创作出他最优异的油画，同时写出《诺亚·诺亚》名著，记述大溪地之旅神奇的体验。

1895年再度到大溪地，但因殖民地政府腐败，高更梦寐以求的天堂不复存在，他在1905年8月移居马贵斯岛。当时高更孤独病困，加上爱女阿莉妮突然死亡，精神深受打击而厌世自杀。晚年他画了重要代表作《我们从何处来？我们是谁？我们往何处去？》，反映了他极端苦闷的思想。后来他在悲愤苦恼中死在马贵斯岛。

印象派画家高更

高更早年在海轮上工作，后又到法国海军中服务，23岁当上了股票经纪人，收入丰厚还娶了一位漂亮的丹麦姑娘梅特·索菲亚·加德为妻。可是高更在自己的绘画天赋召唤之下，35岁时辞去了银行的职务致力于绘画，38岁时与家庭断绝了关系，过着孤独的生活，并通过毕沙罗卷入了印象主义的天地。

高更受到印象派朋友的影响开始作画，还受到象征主义、日本版画以及而听文学等多种因素的影响。高更总是向往着远方，留恋那些具有异国情调的地方，他要求抛弃现代文明以及古典文化的阻碍，回到更简单、更基本的原始生活方式中去，他很愿意过野人的生活，这使他在39岁时踏上了去巴拿马和马提尼岛的旅行，在那里找到了自己期望的东西：茂密的植物、永远蔚蓝的天空、慷慨的大自然、简朴的生活。后来因事不得不离开这个热带的天堂返回法国，这时正好40岁，精力充沛而有主见，保留着尊贵高傲之气。

高更是位具有强烈个性、惹人讨厌又招人喜欢的人，粗鲁和高雅并存，他总是强烈要求自我表达，要证明自己的价值。高更的画风有明晰的线条、硕大的体积感、生硬的对比色彩，因此他与印象派决裂（1887年）。当他回到法国时就谴责莫奈和毕沙罗特有的自然主义幻觉，提出艺术表现的"综合"。简化了的巨大形状，均匀单一的色彩，分割主义，无阴影的光，素描与颜色的抽象化，超脱自然，这就是高更所发现和创立的艺术。但是他的这种幻想和艺术在自己的国家处处走投无路，于是在1891年2月23日他拍卖了30幅作品得到一笔收入，于4月4日乘船前往塔希提岛，历经幸福与磨难，画了不少画后又回到法国。

1893年11月，高更举办了他的《塔希提人》画展，结果是彻底失败，在物质收入上是零。而他那新颖、神秘、野蛮的绘画，迎得了一些崇拜者。巴黎文明人的嘲弄又使他返回塔希提岛。这样，便有了今天广为人知的脱去了文明的衣服，独身一人赤裸裸地置身于伟大的自然之中的高更的传说。

高更的作品具有浓厚的主观色彩和装饰效果。他的作品也不为人们赏识，甚至连印象派大师也斥责他的画风，他的画描绘了别人没有发现的美——质朴的原始美。他以极大的热情非常真诚地描绘了土著民族及其生活。高更的艺术对现代绘画影响极大，他被称为象征派的创始人。野兽派和表现主义绘画就是在高更和凡高的启示下发展起来的。

　　高更厌恶资本主义的文明社会，包括传统的艺术趣味。他不但对埃及古代绘画很感兴趣，而且向往仍处于原始部落生活的土人们的风习和艺术，被称为原始人的最高典型。

◎ 梵 高

梵高（1853—1890年），荷兰人，后期印象画派代表人物。1853年3月30日生于津德尔特，1890年7月29日在法国瓦兹河畔因患精神病自杀。早年经商，后热衷于宗教，1880年后开始学习绘画。曾在巴黎结识贝尔纳、西涅克和高更等画家。梵高早期作品受印象主义和新印象主义画派影响，代表作有《食土豆者》《塞纳河滨》等，以表达出线条和色彩的自身表现力，以及画面的装饰性、寓意性。

梵 高

法国的野兽主义、德国的表现主义以及20世纪初出现的抒情抽象主义等，都从他的创作中看到。在他的眼中，只有生机盎然的自然景观，他陶醉于其中，物我两忘。梵高的作品主要有《吃马铃薯的人》《两棵丝柏树》《自画像》《有乌鸦的麦田》《割草的少年》《煤矿的妇女们》《打开的圣经》《街上的成排房屋》《手拿康乃馨的女人》《夕阳下的播种者》《抱着头的老人》《悲哀》《向日葵》《星夜》《阿尔之妇女吉努夫人》《耳朵绑着绷带叼烟斗的自画像》《红色葡萄园》《海滨的渔船》《生养紫色鸢尾花的花瓶》等。

绘画大师梵高

一头红发，目光锐利，有些神经质，喜欢独来独往，画布、画板、画夹和烟斗从不离身，外表冷漠而内心却有着近于疯狂的激情，他就是19世纪末后印象主义绘画大师——梵高。然而今天的人们怎能想到这位作品价值连城的大画家生前却身无分文，度过了贫困凄苦的一生。

1853年春，梵高生于荷兰一个牧师家庭。27岁之前曾做过画店学徒、教师、传教士。27岁时梵高开始学画，从此开始了他短暂却颇富戏剧色彩的绘画生涯。他曾到过布鲁塞尔、海牙和安特卫普学习绘画，早期画风深受伦勃朗和米莱的影响。

1886年画家结识了印象主义诸多名家，并接触了日本浮世绘，画面色调日趋明亮。在法国南部小镇阿尔勒，梵高在饥饿与窘迫、失败与孤独中，夜以继日地创作，用他那颤抖的线条、旋转的笔触、奔放而热烈的色彩画出一幅又一幅的《向日葵》。画面中强烈对比的色块、浓重饱满的色彩、富有装饰性的效果都表达了画家对生命火一样的激情，形成了独特的梵高画风。

1888年10月，高更应邀至阿尔勒，但由于两人在性格、气质及艺术追求上的巨大差异，不久发生激烈争吵，致使梵高精神错乱，想谋杀高更，以至于最后割下了自己的一只耳朵。此事引起众人惊诧。最终两人不欢而散，梵高也终因精神失常于次年住进了圣雷米精神病休养院。1890年7月在完成《有乌鸦的麦田》之后，梵高开枪自杀，死时年仅37岁。最后的遗言是"痛苦便是人生"。

　　梵高的一生是不幸、坎坷而辉煌的一生，他有桀骜不驯的个性和独到的艺术主张：反对矫揉造作的画风，认为绘画应表达艺术家的个性和独特感受。他是世纪交替时期最为激动人心也是最具震撼力的画家之一。梵高留给后人的财富不仅在于他开启了欧洲现代绘画的先河，以致被后人奉为野兽主义和表现主义的先驱与鼻祖。更重要的是他再一次向世人表明了艺术的生命力在于鲜活的艺术个性，不断的探索与创新以及为此而献身的伟大精神和人格力量。

梵高作品鉴赏

（1）《大篷车队》

　　虽然梵高很少画这种吉卜赛的大车，然而从所画的东西不装模作样来说，在他所有的绘画题材中还是典型的。不论是一双鞋，一个静物，一个肖像，一束花，他自己在阿尔的房间，花园的一角或一个风景，每一幅画和每一个题材，梵高都是以极其谦逊和崇敬的态度来描绘的。

梵高想以他的艺术减轻被压迫的人的痛苦。从1873年到1875年梵高在伦敦时，受维多利亚女王时代的版画家的影响，他们那些经常过于忧闷的作品激发了他的社会意识。另外一个对他有极大影响的是巴比松艺术家米莱，他以文雅和端庄的态度来画农民。通过画米莱和德拉克洛瓦复制的黑白画，梵高在晚年时用自己的画法来画他们俩的作品。

（2）《向日葵》

可以说这是梵高最著名的作品，这幅画同一题材的一连串的作品之一是他在阿尔时画的。他本来想画12幅这样的画来装饰他打算和高更一起使用的画室的，或者打扮他那"黄色房子"里的客厅的。他与高更相处的时间很短，但是正如大家所知道的，高更很喜欢这些画，这些画中的大部分在他到阿尔以前已经完成了，但是后来他又傲慢地声称他对梵高的这些题材的作品施加了影响："从此梵高有了惊人的进步，看来他对他所有画的东西都懂得了，然后一幅又一幅地画阳光灿烂的向日葵组画。"

这幅《向日葵》显示出梵高技法的两个最显著的特色；一个是他用他的画笔画出角形的、脆裂的笔触，这些笔触很容易地表达出他那精神紧张的激动的性格，并在画面中创造出紧张气氛；他也许天生就是一个线描画家而不是油画家；另一点是用厚涂法使这幅画具有雕塑的触觉。

（3）《两棵丝柏树》

这幅杰出的油画是三幅同一题材的变体画的头一幅，画于1889年5月与6月之间，当时梵高住在圣雷米的精神病院里。他给他的弟弟提奥写的信中说："柏树仍旧吸引着我。我要像画我的那些向日葵的画那样地来画柏树，因为从来没有人像我看到它们的那个样子去画它们而使我感到奇怪。柏树的线条与比例优美，像埃及的方尖碑。柏树的绿色别具一格。它是在阳光灿烂的风景中的一个黑点，但它是一种最有趣的黑色符号，一种我所能想象得到的最难处理好的东西。"当他的精神进一步错乱，他的所看到的周围事物和他的情绪一样骚动——植物、天空甚至土地看起来都像波浪或火焰一样翻滚或流动。

在他这幅不断变化的风景画中，我们仍旧可以看到他的艺术的印象派的根基——自由地运用漂亮颜色的分割的笔触。他把印象派与自己的激动的画法结合起来，创造出给表现派以暗示的夸张和扭曲。艺术成熟期的短暂的五年中，梵高最愉快地直接描绘在他面前呈现的对象。

梵高语录鉴赏

(1) 对于神的信念

对于神的信念。我们一生之中有个时期，会觉得自己的所作所为好像都是错误，而且对于所有的事物都不感兴趣。所谓万念俱灰，情思枯槁。我觉得这好像具有几分真理，你以为这份感情应该早日扬弃吗？我怀疑这也许是，叫我们深信在心中，而很快地等着好结果的一种"对于神的憧憬"心理。一个人很合群地夹杂在庸俗的人群中时，往往会觉得自己跟大家并无两样，但终于有一日，他会达到牢固的自我谛念的境地。他能很成功地培养自己的信念，那信念又会适当地支配他，使他能向更高更善的境地继续进步。我看耶稣也是这样。

（2）对于人生的信念

对于人生的信念。我们的人生是一种可怕的现象，然而我们又不停在被不知情的东西驱使着。一切的事物都不能改变他的存在式样。任我们将它解释为或明或暗，终究无法改变它的性质。这个谜题使我夜里在床上不眠不休地思考，在比斯山暴风雨中，或在黄昏忧郁的微光中，也曾做过深长的冥想。30岁这把年纪，对活动中的人是属于一种安定初期，也是充满活力的青春时期。同时也可以说是过了人生的一段时间，开始感觉逝者不复回的愁意的时候。我觉得这种寂寞感，绝不是无谓的感伤。我不再期望明知在这一生中无法获得的各种幸福。我愈加深的理解：这一生不过是一种播种时期，收获是要在下一次人生作的。这种见解大概是使我对于世上的俗念漠不关心的原因。

我曾经想过自己能否成为思想家，最近已经很明白这不是自己的天职。我常抱着一种谬见——觉得对什么事情都要以哲学式想法去考虑的人，并非普通实际的人，而是一种无用的梦想家（然而这种谬见在社会上常受很深的尊敬），这个谬见常害我无法把握事情的要领，焦急得自敲脑袋。但是以后我才了解，思想和行动并非互相排斥的东西。我坦白说，假如我能够一边思想一边绘画的话，那当然是求之不得的事，但我办不到，何况我的人生的目的在于尽可能的多画这一点上。我希望自己走到人生的终点时，以最深的爱和静静的留恋，回味自己的人生，还带着"啊！我还想画那样的画！"的一番离情别绪，永别人世。

（3）艺术家的命运

人跟自然的格斗不是简单的事情。我虽然无法知道自己未来的成败，但唯一确实的就是有人成功，也有人失败。你也许想说我不会成功，我不在乎，不管成功或者失败，一个人总是在感情和行为之中生活着，无法脱离。我还认为这成功和失败，事实上非常近似，几乎似人难以辨别。假如空白的画布，笑你没有精神的时候，跑上去提起笔大胆地画下去。空白的画布好像会对着画家说：你什么都不懂。你们不知道那空白画布多么会使人失去斗志，许多画家很怕空白的画布，可是一方面空白的画布是怕毅然面对画布的真热情的画家的。艺术家都知道自己好比是被绑在旧马车的马，他们在心里羡慕那些能在太阳下的牧场里大吃青草，也能到河里喝水洗澡逍遥自在的马，这是艺术家的心病。不知是谁将如此的生活形容成"被死与不死不断威胁的状态"。我所拉的马车一定会帮助我所不认识的人们，因此我们相信将来的新艺术以及新艺术家的出现，大概不至于使我们失望吧。

（4）对于死的看法

我刚刚用水彩画好的田园中的古塔，今天已经被人拆毁，这不是诸行无常的一端吗？我常想表现农人们个个老朽以后，怎样地安息在他们千古的园地上，我常想向大家说明，人的死和葬礼，多么像秋天落叶那么简单的事——死者只要五尺之地，然而在这些土堆上只要一个十字架一插便了事。我还想说出，农人们的生与死是何等的永恒不变，那正如在墓地上生长的花草一样，春来萌芽，秋来凋谢，因循着天地不变的规律。现在我们的所见所闻不知是否为人生的全体，在我们死后，从彼岸往回看时，是否只能看到一个半球？这不是永恒的谜题吗？不管怎样，我总认为一个画家即使死后也能借着自己的作品向后来的新时代谈论自己的见解。画家的使命是否只限于此，还是有其他更高的意义？我无法作答。我想画家的一生当中，死还不能算是最苦的事，但对于死，我实在一点都不懂。

夜里仰望星星，会使我陷入如同看地图梦异乡那样的梦幻，不知何故，我总觉得，天空中的光点，好像法国地图上表示城镇的黑点一样，使人觉得难以接近，我想只要坐上火车，变可到达塔拉斯根或鲁安的话，我们在死后也应该可以到达星星上面。在这些五里雾中的推理里面，有一件不容怀疑的事——"我们在生前无法登天如同在死后不能再乘之道理。"所以我认为，使世上人类永眠的各种疾病是到达天堂的一种交通手段。我们老朽以后，悄然死去，这是我们徒步登天的机会。

◎ 毕加索

毕加索（1881—1973年），西班牙画家，法国现代画派主要代表，生于马拉加。幼年时入巴塞罗那皇家艺术院学习，后入马德里皇家艺术学院，画风属后期印象派。1904年，毕加索移居法国，成为"巴黎派"的首脑。20世纪30年代倾向新现实主义。1937年作油画《格尔尼卡》，揭露法西斯的残暴，成为他的杰作。1944年参加法国共产党。

1949年为世界和平大会作的《和平鸽》宣传画，风行一时。晚年从事雕塑和陶瓷品制作。1973年5月8日在巴黎逝世。留有油画1800余幅，素描700余幅，版画2万件，雕塑1200余件，陶瓷制品3000余件。

毕加索

反对战争的艺术家

毕加索毕生反对侵略战争，维护世界和平。第二次世界大战期间，德国的将领和士兵经常出入巴黎的毕加索艺术馆，这些不速之客受到了冷淡的接待。有一次，在艺术馆的出入口，毕加索发给每个德国军人一幅他的名画《格尔尼卡》的复制品，这幅画描绘了西班牙格尔尼卡遭到德国飞机轰炸后的惨状。一位德军盖世太保头目指着这幅画向毕加索问题："这是您的杰作吗？""不，"毕加索严正地说，"这是你们的杰作！"

毕加索有一阵常常往勃拉克的画室跑，他们形影不离，大家都觉得这是一对老朋友。再说，立体主义又是他们俩一起搞出来的。有一天勃拉克很沮丧地说，他把一幅画作坏了，许多见到这幅画的人都皱起了眉头。他真想毁掉这件败笔之作，勃拉克经常这样嘀咕着。"别，别别"毕加索眯着眼睛，在那幅画前踱来踱去，倒像是发现了杰作似的大声称赞个不停："这幅画真是棒极了！"

勃拉克有点将信将疑。的确，在那个年头，好的和坏的都搅在一起，杰作和垃圾连画家自己也分辨不清。"真的吗？"勃拉克问。"当然，没问题"毕加索认真诚恳地回答。"你把它送给我吧，我用我的作品与你交换，怎么样？"

于是，事情就有了一个美好的结局，毕加索回赠给勃拉克一幅画，换回了勃拉克自己差点要扔掉的"杰作"。

几天以后,又有一些朋友去勃拉克的画室,他们都看到了毕加索的那幅画,它挂在房间里十分引人注目。勃拉克感动地说,"这就是毕加索的作品。他送给我的,你们瞧,它真是美极了!"差不多同一天,还是这些人,也去了毕加索的家,他们一眼瞧见了勃拉克的"杰作",当他们睁大两眼迷惑不解的时候,毕加索开始说话了:"你们看看,这就是勃拉克,勃拉克画的就是这东西!"

毕加索在许多艺术领域都有所涉猎和试验。尽管人们对他的油画、素描、甚至雕塑作品并不陌生,但还有其他一些方面有待人们深入了解,比如陶艺。他创作的部分彩陶小雕塑和彩陶器皿作品,有助于了解毕加索非凡的艺术想象力和创造力,以及他对整个艺术历程的深入理解。从这些作品中不难发现,毕加索从民间制陶艺术中获得创作灵感,而由这些灵感创作而成的作品,又超越了整个艺术史。

作品丰富的画家

毕加索是位多产画家,据统计,他的作品总计近 37000 件,包括油画 1885 幅,素描 7089 幅,版画 20000 幅,平版画 6121 幅。毕加索的一生辉煌之至,他是有史以来第一个活着亲眼看到自己的作品被收藏进卢浮宫的画家。对于作品,毕加索说:"我的每一幅画中都装有我的血,这就是我的画的含义。"全世界前10名最高拍卖价的画作里面，毕加索的作品就占据4幅。

毕加索一生中画法和风格几经变化。也许是对人世无常的敏感与早熟，加上家境不佳，毕加索早期的作品风格充满了早熟的忧郁，早期画近似表现派的主题。在求学期间，毕加索努力地研习学院派的技巧和传统的主题，而产生了象《第一次圣餐式》这样以宗教题材为描绘对象的作品。德加的柔和的色调，与罗特列克所追逐的上流社会的题材，也是毕加索早年学习的对象。

在《嘉列特磨坊》《喝苦艾酒的女人》等画作中，总看到用罗特列克手法经营着浮动的声光魅影，暧昧地流动着款款哀伤。毕加索14岁那年与父母移居巴塞罗那，见识了当地的新艺术与思想，然而正当他跃跃欲试之际，却碰上当时西班牙殖民地战争失利，政治激烈的变动导致人民一幕幕悲惨的景象，身为重镇的巴塞罗那更是首当其冲。也许是这种兴奋与绝望的双重刺激，使得毕加索潜意识里孕育着蓝色时期的忧郁动力。

迁至巴黎的毕加索，既落魄又贫穷，住进了一处怪异而破旧的住所"洗衣船"，这里当时是一些流浪艺术家的聚会所。也正是在此时，芳华17的奥丽薇在一个飘雨的日子，翩然走进了毕加索的生命中。于是爱情的滋润与甜美软化了他这颗本已对生命固执颓丧的心灵，笔下沉沦痛苦的蓝色，也开始有了跳跃的情绪。细细缓缓地燃烧掉旧有的悲伤，此时整个画风膨胀着幸福的温存与情感归属的喜悦。

玫瑰红时期的作品，人物表情虽依然冷漠，却已注重和谐的美感与细微人性的关注。整体除了色彩的丰富性外，已由先前蓝色时期那种无望的深渊中抽离。摒弃先前贫病交迫的悲哀、缺乏生命力的象征，取而代之的，是对人生百态充满兴趣、关注及信心。在《穿衬衣的女子》

中，一袭若隐若现的薄纱衬衣，轻柔地勾勒着自黑暗中涌现的胴体，坚定的延伸，流露出年轻女子的傲慢与自信，鬼魅般地流动着纤细隐约的美感。整体气氛的传达幽柔细致，使得神秘的躯体在氤氲中垂怜着病态美。拼贴艺术形成的主因，源于毕加索急欲突破空间的限制，而神来一笔的产物。实际上拼贴并非首创于毕加索，在19世纪的民俗工艺中就已经存在，但却是毕加索将之引至画面上，而脱离工艺的地位。首张拼贴作品《藤椅上的静物》与1913年的《吉他》，都是以拼贴手法实现立体主义的最佳诠释。

毕加索后期画注目于原始艺术，简化形象。1915—1920年，画风一度转入写实。1930年又明显的倾向于超现实主义。第二次世界大战时，毕加索作油画《格尔尼卡》抗议德、意法西斯对西班牙北部小镇格尔尼卡进行狂轰滥炸。这幅画是毕加索最著名的一幅以立体主义、现实主义和超现实主义手法相结合的抽象画，剧烈变形、扭曲和夸张的笔触以及几何彩块堆积、造型抽象，表现了痛苦、受难和兽性，表达了毕加索多种复杂的情感。晚期制作了大量的雕塑、版画和陶器等，亦有杰出的成就。毕加索从19世纪末从事艺术活动，一直持续到20世纪70年代，毕加索是整个20世纪最具有影响力的现代派画家。毕加索的作品对现代西方艺术流派有着很大的影响。

毕加索是个不断变化艺术手法的探求者，印象派、后期印象派、野兽的艺术手法都被他汲取改造为自己的风格。他的才能在于，他的各种变异风格中，都保持自己粗犷刚劲的个性。

《阿维尼翁少女》

毕加索在1907年创作的《阿维尼翁少女》使他成为立体主义的创始人，同时也标志着立体主义的发端。毕加索虽然作为立体主义运动的主将，但他的艺术并不限于立体主义，他在1936年创作的《格尔尼卡》综合了象征主义、超现实主义和立体主义的各种手法，同时又深刻表现了现实的主题。

毕加索的立体主义雕塑改变了现代雕塑的发展进程，他在陶艺上的实践实现了传统陶艺向纯艺术的变革，他在版画与设计上也有着杰出的成就，而他的艺术思想则对原始主义、立体主义、未来主义、达达主义、超现实主义、新古典主义等现代艺术流派和思潮产生了深刻影响。他的艺术影响了整个20世纪的西方艺术与文化。如果说，现代主义艺术中最重要的现象是抽象艺术的话，那么立体主义则是20世纪所有抽象艺术的源头。立体主义的重要代表是法国画家勃拉克和西班牙画家毕加索，巴黎则是立体主义最活跃的中心。

立体主义的观念来源是后印象主义画家塞尚，但立体主义进一步强化了绘画的平面性，着重形式及其内在关系的分析和表现。在立体主义的艺术中，客观的对象被分解为几何形的结构，单一视点的空间关系被多重视点所取代，画面具有形式的美感与力度。立体主义作为一个运动存在的时间虽然短暂（1907—1914年），但立体主义的观念深刻反映了现代工业社会所带来的新的视觉经验，影响了20世纪绘画与雕塑的发展并且推动了建筑与设计艺术的革新。

◎ 列 宾

列宾（1844—1930年），俄国19世纪末最伟大的现实主义画家。1871年他的毕业作品《睚鲁女儿的复活》获得学院的大金质奖。1876年回国后，坚持在乡村和民间写生，并且和革命民主主义知识分子保持密切的往来。他的《宣传者的被捕》《拒绝忏悔》《意外归来》都是以革命者的斗争生活为题材的优秀作品。

对俄罗斯历史事件的关注，引起列宾对历史画创作的强烈欲望，创作了诸如《1581年11月16日伊凡雷帝和被他杀死的儿子》《索菲亚公主》以及《扎波罗什人给土耳其苏丹复信》等历史名画。1930年9月29日，列宾病逝。

列 宾

肖像大师列宾

1844年,列宾出生在俄罗斯哈尔科夫省的楚古耶夫镇,其父是一个屯垦军军官。全家人在屯垦地辛勤劳作,童年的列宾亲身体会到了生活的贫困和艰难,亲眼目睹了囚犯如何被驱赶着由此经过,这些印象成为他日后创作的素材。1864年他考入彼得堡美术学院,习画6年后,以优异的成绩毕业,并获得了大金质奖章和公费到意大利、法国留学的机会。1876年回国并开始了坚持不懈的创作。

在19世纪末俄国的现实主义文艺中,有一位被称为"通过眼睛和手势反映人物内心世界"的肖像大师,他就是巡回展览画派最杰出的代表——列宾。他在学生时代开始构思和创作的油画《伏尔加河上的纤夫》,便充分体现出列宾现实主义的创作原则及精湛的艺术技巧。列宾为了塑造个性鲜明、有血有肉的人物形象,亲自来到伏尔加河畔居住,并和纤夫们交朋友。

他的油画,无论是历史题材、肖像画,还是深刻地揭露社会问题的作品,都以生动地表现人物心理和情感见长。比如《伊凡雷帝和被他杀死的儿子》,列宾把暴虐的帝王的权欲与亲情强烈冲突的心理表现得淋漓尽致,具有动人心魄的艺术震撼力。《意外归来》表现的是因从事革命活动被流放多年的政治犯突然回到家中的情景。这幅作品从构图到人物表情几经修改,最后形成一种"内热外冷"的面貌,体现出画家敏锐的观察力和深刻的思想内涵。

列宾一系列的肖像作品,如作曲家《穆索尔斯基像》、文艺评论家《斯塔索夫像》、文学家《托尔斯泰像》等,都能生动地刻画出对象鲜明的个性特征和独特的风貌。列宾的油画,笔触奔放而造型严谨,善于运用色彩、光影的对比,营造凝重深沉的画面气氛。他的许多作品在当时引起了强烈的社会反响,对后世影响也极其深远。

为痛苦的悲剧寻找出路

俄罗斯一些具有进步民主思想的写实派画家和雕刻家组成的"巡回展览画派"主张真实地描绘俄人民的历史、社会、生活和大自然,揭露沙俄专制制度。1878年列宾加入该画派,创作了大量现实主义的绘画作品。他的《伏尔加河上的纤夫》是其现实主义绘画杰出的代表作之一,也是画家的成名之作。列宾在反映现实的同时,通过人物的神态和姿态来充分体现人民身上所蕴藏的巨大能量,给人以激励、震撼。19世纪80年代以后,列宾被公认为是批判现实主义的泰斗,成为巡回展览画派的旗帜。

列宾的创作中始终跳动着时代的脉搏,绘制了许多以反映"革命者不屈斗争"为题材的优秀作品。描绘流放者突然回家场景时的《意外归来》可以说是家喻户晓。这幅油画就像是一部小说向人们讲述一个革命者被流放后经受了怎样的痛苦，家人是多么的悲伤，以及流放者不期而至后他和家人是多么的意外、兴奋，这是画家创作鼎盛时期的一幅作品。

列宾的绘画天赋在该作品中得到了集中的体现。画面上每个人物都栩栩如生：一袭黑衣的老妇人刚从坐着的椅子中站起来，转向"归来者"，似乎要扑过去拥抱，又抬不动脚步；桌边坐着的两个孩子，稍大的男孩儿欣喜地抬起头注视着，嘴巴吃惊地半张着，好像要喊出声来；较小的孩子有些胆怯地把目光从读着的书本移向"陌生人"；再看归来的"流放者"，个子高高的，瘦瘦的，身穿褪色的肥大的大衣，脚上是沉重的沾满泥土的靴子，他是经历了长途跋涉才得以与亲人相见，他的姿态有些犹豫，甚至有些不自信，似乎在这久违的家中他觉得自己像个外人，但他的神态却透出坚毅、勇敢。从流放者身上我们感觉到了革命者不屈不挠的英雄主义精神。

列宾其他革命题材的作品还有《泥泞路上的押送》《宣传者的被捕》《拒绝忏悔》等。在歌颂当时革命英雄的同时，列宾对以"历史事件"为主题的历史画创作产生了浓厚的兴趣，为后人留下了《伊凡雷帝和被他杀死的儿子》《扎波罗什人给土耳其苏丹的回信》《索菲亚公主》等不朽的历史画作。这些作品展示了人类情感的复杂性，人性和兽性交织在一起。列宾曾说：通过历史画，为痛苦的悲剧寻找出路。

◎ 罗 丹

罗丹（1840—1917年），法国著名雕塑家。他生于一个贫穷的基督教家庭。他的父亲是一名警务信使，母亲是穷苦的平民妇女。罗丹从小喜爱美术，其他功课却很糟糕。在姐姐玛丽的支持下，他被送进巴黎美术工艺学校。姐姐玛丽靠自己挣得的工钱供给他食宿费，因此罗丹从小就深深地敬爱他的姐姐。1875年出游意大利，

罗 丹

深受米开朗琪罗作品的启发，确立了现实主义的创作手法。他善于用丰富多样的绘画性手法塑造出神态生动富有力量的艺术形象。罗丹和他的两个学生马约尔和布德尔，被誉为欧洲雕刻"三大支柱"。

罗丹的一生是被人攻击和嘲讽的一生，但他始终以一种伟大的人格正确地面对这一切。罗丹坚信"艺术即感情"，他的全部作品都深刻揭示了人类的丰富情感。罗丹偏爱悲壮的主题，善于从残破中发掘出力与美，永

远带给人以深沉的美，启迪着人们不停地思考。罗丹的主要作品有《思想者》《伤鼻的男子》《青铜时代》《圣约翰的说教》《地狱之门》《亚当》《夏娃》《吻》《巴尔扎克》《雨果》，著有《艺术论》。1917年11月17日，罗丹逝世。

法国雕塑家罗丹

"美是到处都有的，对于我们的眼睛，不是缺少美，而是缺少发现。"这句艺术名言就出自法国雕塑家罗丹之口。罗丹一生致力于发现生活中真实的美，并以他敏锐的观察力和精湛的技艺，创造出《青铜时代》《加莱义民》《地狱之门》《吻》等一系列雕塑杰作，表达了他对大自然和生命的无限热爱及对人间苦难的深切同情。他继承了古典主义雕塑的精华，确立了现实主义雕塑的创作方法，同时开西方现代雕塑艺术之先河。

罗丹一贯遵循"忠实于自然"的创作原则。他仔细研究实物，并精通人体解剖学，创作上避免一丝一毫的造作。他早期的作品《青铜时代》，通过对一个青年人体的生动刻画，表现出人类刚刚从蒙昧中苏醒，精神和肉体渴望成长的状态。这就如同人类历史上的青铜时代。由于裸体被塑造得生动逼真，以至于被当时的艺术评委误以为"此铜像按模特肉体浇铸而成"。罗丹在创作上更注重整体感，大胆删去无关紧要的细节，突出形象的个性气质和感情，作品充满激情。

在大型浮雕《地狱之门》中，最引人注目的是《思想者》。这个青年手抵下颌，注视着人间种种矛盾与苦难，陷入了痛苦的沉思。再也没有哪一个人物形象能像"思想者"这样，内心被如此沉重的问题折磨着，而外表又是那样坚定有力，充满了尊严与自信。罗丹所塑造的人物，既不同于希腊雕刻那种"高贵的单纯，静穆的伟大"，也不同于米开朗琪罗塑造的英雄般的巨人形象，而是洋溢着普通人的人性光辉。他晚年的雕塑作品，以《巴尔扎克像》为代表，为了突出人物的个性特征和作者的主观感受，在塑造上更为大胆、省略，从而成为现代主义雕塑的先驱。

罗丹生于法国普通劳动者家庭，青年时代边打工边学习雕塑。他一生勤奋，直至他去世之前，一直坚持每天十六七小时的紧张工作。除了大量的雕塑杰作外，他还留下了数千幅素描、速写作品。这位卓越的艺术大师长眠于巴黎郊区一隅——他最后工作过的地方，墓前树立着他杰出的作品——《思想者》。

不断地创造美

罗丹的父亲曾怨叹自己有个白痴的儿子，在众人眼中，他曾是个前途无"亮"的学生，艺术学院考了三次还考不进去。他的叔叔曾绝望地说：孺子不可教也。罗丹1840年生于巴黎。他14岁考进绘画和数学学校，在老师指导下，娴熟地掌握了素描的技巧。他本想成为一名画家，后来对雕塑发生了兴趣，便完全投身于雕塑艺术的创作。

1875年，罗丹到意大利去旅行。他在那里观赏了意大利文艺复兴盛期的雕塑家米开朗琪罗等的优秀作品，使他大开眼界。以后，他创作了《青铜时代》《施洗者约翰》等雕像，使他稍有名望。

1880年，罗丹接受了装饰巴黎观赏艺术博物馆大门的创作任务。怎样来装饰这座大门呢？他想起在意大利的时候，参观过著名的佛罗伦萨洗礼堂的大门，当时曾为这座大门高超的艺术装饰惊叹不已，因此提出了一个宏伟的设想，准备为博物馆制作一座艺术装饰的大门。根据构思，全部工程包含着186件雕塑。当年，罗丹就完成了其中的《思想者》《三个人影》等的创作。以后几年间，他又完成了好几件作品。但它的全部工程太浩大了，加上他主张创新，受到官方的阻挠，因此他的计划未能完全实现。

晚年的罗丹，已经是世界上公认的雕塑大师了。他的作品被世界各大博物馆收购，本人获得了许多荣誉头衔。为了存放自己的作品和收藏品，他租赁了一座旧王宫的建筑，并于1916年在此开办了罗丹博物馆。1917年11月，这位有着世界声誉的雕塑大师去世。在他的坟墓上，安放着雕像《思想者》，这是他最杰出也是他最喜爱的作品之一。

《沉思》是罗丹的早期作品，雕刻了一个秀美而淳朴的女性头像。人物低着头正沉浸在默默的深思之中，那凝视的眼神布满忧郁的惆怅。嘴唇紧闭，思绪万千，揭示了她哀伤和矛盾的内心世界。雕像没有刻出更多的东西，既没有颈肩，也没有四肢躯干，头部下面的方石块只作了粗略雕凿。因为任何其他部分的出现，反会减弱主题的表达，这是罗丹艺术手法的高超和大胆之处。

◎ 塞　尚

保罗·塞尚(1839—1906年)，法国后期印象画派的代表人物，是印象派到立体主义派之间的重要画家。塞尚由毕沙罗介绍加入印象派，并参加了第一届印象派画展。塞尚认为"线是不存在的，明暗也不存在，只存在色彩之间的对比。物象的体积是从色调准确的相互关系中表现出来"。他的作品大都是他自己艺术思想的体现，表现出结实的几何体感，忽略物体的质感及造型的准确性，强调厚重、沉稳的体积感，物体之间的整体关系。

塞　尚

塞尚认为"画画并不意味着盲目地去复制现实，它意味着寻求各种关系的和谐。"从塞尚开始，西方画家从追求真实地描画自然，开始转向表现自我，并开始出现形形色色的形式主义流派，形成现代绘画的潮流。塞尚这种追求形式美感的艺术方法，为现代油画流派提供了引导。

塞尚是一个很少为人理解的孤独者，他终生奋斗不息，为用颜料来表现他的艺术本质的观念而斗争。这些观念扎根于西方绘画的伟大传统之中。他的作品有《埃斯泰克的海湾》《静物苹果篮子》《圣·维克多山》《玩牌者》《穿红背心的男孩》等。塞尚毕生追求表现形式，对运用色彩、造型有新的创造，被称为"现代绘画之父"。

现代绘画之父塞尚

保罗·塞尚在埃克斯出生和辞世，是祖籍皮埃蒙特的小工匠、小商人的子孙。他先在小学和圣约瑟夫学校就读，由于父亲交了好运，从帽店老板变成银行经理，他被送入中学学习。1858年，保罗带着坚实的基础知识，完整的宗教信仰以及对同学米尔·左拉的真挚友谊从中学毕业，通过了文科毕业会考，并按照父亲的意愿，进入了大学法学院。不过，他并不因此而放松在埃克斯素描学校的课程。从1856年起，强烈的兴趣爱好就已把他带向了这所学校。他虽然勤奋刻苦，多愁善感，但天赋不高。他身材矮胖，长着宽大额头和鹰钩鼻的面孔也不讨人喜欢，但他目光炯炯，动作敏捷，喜欢游泳、打猎，在原野上远游。他还醉心于音乐，在学生乐队中，他吹铜管，左拉吹长笛。

1859年，他父亲在埃克斯附近购下维拉尔侯爵在17世纪建造的热德布芳花园，带着妻子、儿子，两个女儿在那里避暑。保罗在别墅中安排了自己的第一间画室。他已经决定了自己的前途：不管父亲如何反对，他也要作画家。父亲给他保留了作为银行经理继承人的职位，并用下面的话来警告他："孩子，想想未来吧！人会因为天赋而死亡，却要靠金钱吃饭。"虽然对这种资产阶级的生活观念感到愤怒，塞尚还是不得不屈服认可。不过，他仍然偷偷地作画，对法律学习只给以有限的注意。已在巴黎定居的埃米尔·左拉鼓励他前往该处，而银行家则拼命阻挠这一计划。

1861年4月，父亲发现儿子实在没有从商的才能，加上妻子和长女玛丽的敦促，他终于带着低声抱怨让步了。保罗·塞尚来到巴黎，他在弗昂蒂纳街租了一间带家具的房间，在瑞士画院习画，与基约曼和毕加索交往，并继续和左拉保持着友谊。他靠着父亲每月寄给他的125法郎，艰难地维持着生活。他丝毫不能适应首都的嘈杂，初期作品也远不能使自己感到满意，他也始终未能考入巴黎高等美术学校，原因是"虽具色彩画家的气质，却不幸滥用颜色。"他垂头丧气地回到埃克斯，大为高兴的父亲在自己的银行中给他安排了一个职务，但保罗并未因此从事金融而牺牲画笔，仍然热情地画着。他在四大块壁板上作了滑稽的模仿画《四季》，来装饰热德布芳的厅室，并且在画上无礼地签上"安格尔"之名以作消遣。他画自画像，也为父亲画像。

1862年11月，塞尚再次回到巴黎。虽然经常与印象派画家来往，他却不欣赏他们。他接近的是莫奈、雷诺阿，可是他欣赏的却是德拉克洛瓦和库尔贝的作品。他此时的画颇为浪漫，并且厚颜地把它们称为"杂烩"。别人不喜欢他这种绘画，而且连他自己也不喜欢。事实上，他没有任何开心之事。不管到哪儿，都不感觉赏心悦目。他断绝了刚刚结下的友谊，离开曾经吸引了他的著名画家，不断地变换住地。由于厌烦，他离开巴黎，

又由于好奇而重返该地。他退隐到埃克斯，但很快又离开那里。

总之，塞尚忧郁地回到埃克斯，而在1867年底1868年初的冬天，他再次前往巴黎。他在马奈、雷诺阿、斯特汶斯、左拉、克拉代尔、迪朗蒂等人聚会的著名的盖博瓦咖啡馆露了露面，但觉得很不舒服。他的作品《甜烈酒》和《那不勒斯的午后》在1861年沙龙落选。同一年，他遇见一位年轻的女模特玛丽·奥尔唐丝·富盖。

《坐在红扶手椅里的塞尚夫人》是为他夫人画的肖像。在这一作品中，塞尚完全不考虑西方传统肖像画所要表现的人物性格、心理状态以及社会地位等。在表现手法上，也不是用传统的以光影表现质感的方法来描绘的，而是采用色彩造型法达到他一生追求的色彩与形体的结合。色彩与形体的表现便成了塞尚一生所追求的"造型的本质"。他的这种重在艺术形式的追求的创作倾向，对西方现代主义美术的产生和发展具有深远的影响，故被人称为"西方现代绘画之父"。

虽然塞尚曾受到当时占绘画主流地位的印象派的影响，对光线照射到不同质地表面上的效果有所关注，但他始终坚持对物体结构和实体感的关注，并于1877年放弃了印象主义。塞尚早期大多以写实的手法，真实且疑难的情景作为绘画的题材。晚年画风有所改变，留下了多幅温和，光明并富含古典注意庄严气息的风景及景物画。

塞尚说过要"使印象主义成为像博物馆的艺术一样巩固的东西"，被文艺复兴所激发出的这句议论常被引用又屡遭非难。塞尚在他的作品中，所寻找的就是真实，即绘画的真实。由于他逐渐感到，他的源泉必须是自然、人和他生活在其中的那个世界的事物，而不是昔日的故事和神话。他希望，把这些源泉里出来的东西转换成绘画的新真实。

塞尚的成熟见解，是以他的方式经过了长期痛苦思考、研究和实践之后才达到的。在他的后期生活中，用语言怎么也讲不清楚这种理论见解。他的成功，也许更多的是通过在画布上的发现，即通过在画上所画的大自然的片断取得的，而不是靠在博物馆里所做的研究。他的作品有《埃斯泰克的海湾》《静物苹果篮子》《圣·维克多山》《玩牌者》《穿红背心的男孩》等。

◎ 德拉克洛瓦

欧仁·德拉克洛瓦（1798—1863年），法国浪漫主义画家的杰出代表。出生于巴黎附近的夏伦东圣莫利斯，受家庭的影响，从小就热爱音乐和绘画。1815年进美术学院格林画室学习，由此结识了浪漫主义先驱者吉里柯，受其《梅陀萨之筏》的影响，创作了《希阿岛的屠杀》。

1825年，德拉克洛瓦到英国旅行，受益匪浅。1827年他创作了被称为第二号"虐杀"的《沙尔丹纳勃勒之死》。1830年，德拉克洛瓦创作了最具革命浪漫主义色彩的历史画《自由领导人民》。1832年的摩洛哥、阿尔及尔及西班牙之行后，他的艺术发展转向了中世纪的历史事件、神话故事和东方生活的场景，与现实生活渐渐疏远。1834年创作了《阿尔及尔妇女》，对后来的印象派有很大影响，雷诺阿称赞说："世界上

德拉克洛瓦

再也没有一幅比《阿尔及利亚妇女》更美的作品了。"可见其艺术成就之高。

德拉克洛瓦一生勤于作画,作品极多,法国著名画家塞尚说:"在历代画家中,德拉克洛瓦是作品最多的一个。"

生平概述

欧仁·德拉克洛瓦是法国著名画家,1798年4月26日生于法国南部罗讷河畔的沙朗通·圣莫里斯。从儿童时代起,德拉克洛瓦就生活在充满艺术气氛的环境里,并且受过多方面的教育。他的父亲是律师和外交官,曾任法国驻荷兰大使和马赛总督;母亲对音乐的爱好也直接影响了幼年时代的德拉克洛瓦,音乐在他的生命中已经成为不可缺少的东西。在当时音乐家中他最喜肖邦和罗西尼。并与肖邦有着深厚的友谊,把肖邦称为"我所看到的真正艺术家的典范"。

德拉克洛瓦不但尊重当代进步艺术家,而且极为推崇古代艺术大师。他之所以能进入艺术之门,得力于他的舅舅里兹内尔的帮助。里兹内尔发现了他的艺术才能,鼓励他于1816年进入美术学院学习。在那里他认识了浪漫主义的先驱吉里科,并深受其影响。他博览群书,特别喜欢但丁、莎士比亚、拜伦和司各特的作品。他为歌德的《浮士德》作的插图深受歌德的赞颂;他盛赞米开朗琪罗、提香、伦勃朗,特别崇拜鲁本斯和康斯特布尔；他与诗人波德莱尔有着亲密的友谊。

德拉克洛瓦曾师从法国著名的古典主义画派画家雅克·路易·大卫学习绘画，但却非常欣赏尼德兰画家彼得·保罗·鲁本斯的强烈色彩的绘画，并受到同时代画家吉里科的影响，热心发展色彩的作用，成为浪漫主义画派的典型代表。他的画作对后期崛起的印象派画家和梵·高的画风有很大的影响。

他曾经为波兰音乐家肖邦画了著名的画像。他访问过阿尔及利亚和非洲，创作了大量异国风情的作品，甚至潜入伊斯兰教徒的后室，画出《阿尔及利亚女人》。德拉克洛瓦于1863年8月13日在巴黎去世，埋葬于拉雪兹神父公墓，留下一部记有对色彩学深入研究的德拉克洛瓦日记。德拉克洛瓦是法国人民的骄傲，他的大部分作品被保存在巴黎卢浮宫博物馆。

艺术风格

德拉克洛瓦只要拿起画笔，他的浪漫主义激情就像火山一样迸发出来，发出巨大的叫啸，他画画就像狮子吞食猎物一样，一气呵成，所以人们把他叫做"浪漫主义的狮子"。在表达感情的深度与力量方面，除去伦勃朗外，没有人能与他相比；在表达运动的激烈和气势方面，除鲁本斯外，很少人达到他那样动人心弦的程度；在把抽象的冥想和寓意的东西变成艺术形象上，除米开朗琪罗外，没有人具有他那样的才能。

德拉克洛瓦的著名画作《自由领导人民》是对浪漫主义作家维克多·雨果的名作《悲惨世界》的呼应，这幅画曾被印入法国政府发行的100法郎的钞票和1980年的邮票上。据说印象派画家从他的作品《十字军进入君士坦丁堡》前景的女人背部色彩运用上得益不少。他初期的作品《希阿岛的屠杀》曾被古典主义画家柯罗惊呼为是：色彩的屠杀！

印象派画家承认他们受过德拉克洛瓦的影响，因此当他在1863年去世时，方丹·拉图尔曾想画一幅聚集在德拉克洛瓦的画像旁的那些崇敬这位大师的画家和作家的巨幅群像。在这幅完成的油画中，除了把他本人画进去以外，还包括有画家阿尔封斯·勒格罗斯、马奈、费利克斯·布拉克蒙德以及惠斯勒。惠斯勒的朋友，拉斐尔前派艺术家但丁·加布里埃尔·罗塞蒂被请出席，但是未能离开伦敦让他画像。作家波特莱尔和商弗勒里（都曾经被画在库尔贝的寓意画《画室》中），还有爱德蒙·丢朗蒂，印象派的坚定辩护者也在画中。

这幅画，按方丹·拉图尔的说法，调子稍微沉闷了一些，却出色地表现出是一篇一代有志气的艺术家和他们的支持者团结在主要的倡导者之间最早的宣言。这幅画于1864年在沙龙展出，通过波特莱尔的影响，它被挂在沙龙展厅中的一个很好的位置上。

◎ 萨金特

萨金特（1856—1925 年），美国肖像画家，以肖像画著称于世的写实主义画家。生于佛罗伦萨，父母都是美国人，但萨金特是在欧洲长大。1874 年从意大利到巴黎美术学校学习，被编入卡洛拉斯杜伦的特别班，接受特殊的绘画训练。1881 年萨金特荣获沙龙银奖，1884 年他的肖像画《X 夫人》在法国遭到强烈的抨击，一怒之下离开巴黎，定居伦敦。1897 年他成为皇家美术院院士，1907 年他拒受爵士位。

萨金特

萨金特的水彩画肖像充分显示了他的才华，色调明亮，用笔高度洗练，对人物性格的刻画，在面部表情上清晰可见。他除肖像画之外，常画水彩风景，他的水彩风景画，多即兴速写，特点突出，水分淋漓，色彩凝重而悦目。他从不描绘某些细节，画水中的帆船，简练概括，水色交融，富动荡感觉；红、黄、蓝、绿色直接使用，艳丽而不燥，浑厚之下反而透明，这是他晚期作品的特点。

萨金特一生热衷于绘画艺术事业，终身未娶，无视世俗的浮荣，一心一意沿着自己的艺术道路前进。作品多为国际大资产阶级及其家属画的肖像画，技法纯熟。除油画肖像及水彩画外，也为美国波士顿图书馆做装饰画。对于光、色、形的表达，达到更高更美的境界。其作品有《列布尔斯台尔爵士像》《温汉姐妹图》等。

肖像画家萨金特

约翰·辛格·萨金特从小爱好美术，14岁进佛罗伦萨美术学院接受艺术教育，1874年到巴黎跟随迪朗学习肖像画，1884年定居于伦敦。他的画风深受劳伦斯、惠斯勒以及德加的影响，并融合了委拉斯贵支的风格。1881年萨金特荣获沙龙银奖，1884年他的肖像画《X夫人》在法国遭到强烈的抨击，一怒之下，他离开了巴黎，定居伦敦。1897年他成为皇家美术院院士，1907年他拒受爵士位，因为他自称是美国人，因之在英国水彩画史和美国的画家介绍中都有萨金特。

萨金特对光的把握令人称道，色彩的准确更是无人能及。从来没有哪个画家可以如此生动、细微、鲜活地表现人物的嘴部。在萨金特的笔下，人物的嘴部呼之欲出又与人物融为一体。而绝大多数肖像画家仅仅机械地

把嘴画上，缺乏处理机。他完美地展示了如何通过生动刻画额头、颧骨以及眼部与嘴唇周围的肌肉来呈现对象的个性特点。在金特的笔下，在他还没有开始刻画五官的时候对象的个性特点。在萨金特的笔下，在他还没有开始刻画五官的时候往往人物已经惟妙惟肖。事实上，在萨金特对脸部整体进行块画描绘的时候嘴部和鼻子已经初见雏形。

萨金特的父亲是美国费城的著名医生，母亲是费城一家富有的皮革商的女儿。婚后全家迁居意大利的佛罗伦萨城。1856年2月12日，他们的第一个儿子约翰·辛格·萨金特便在这儿诞生。他从小便学会了意大利语、英语和法语，在美术和音乐方面都表现出优异的素质和才能。在母亲的坚持下，萨金特1870年考入美术学院，成绩优异。1874年，萨金特在威尼斯与画家惠斯勒相遇，母亲把他的作业拿给惠斯勒指教，受到惠斯勒的鼓励与褒扬。为了使儿子成为一名真正的画家，他的父母决心把家搬到当时世界艺术的中心巴黎去住。在巴黎，萨金特进入著名肖像画家卡罗吕—迪朗的画室学习，并且每天晚上去听莱昂·博纳尔的课。他才思敏捷，风度翩翩，交游广泛，作风大方，成为一名十分受人欢迎的青年。

萨金特画的技巧吸收了当时印象派的"印象化"，即不再拘泥于细致完整的形体刻画。这样，他的笔触就"放松"多了，这种放松的笔触给人非常活泼灵动潇洒的感觉。同时，他又不像印象派那样走得太远：如让形体的边线完全松弛，甚至被光分解，化解。这些特点，使得他的画很"讨好"，人都爱看。他在欧洲和美国都出过风头，但在当时，就已经有人认为他的艺术很"表面"。在他过世之后，"表面"成为对他艺术的定论。萨金特对绘画的理念是无论任何情况下，最好多利用大刷子挥扫较长的笔触，先不要顾及小面积和小点；专心面对眼前的画板，按照自己所选择的颜色，才能最接近自然的真实。萨金特画的人物从来都保持了形象的准确和完整，而且他画的肖像还有像照相机抢镜头的那种偶然和瞬间的感觉。

萨金特以名医著称的父亲因无力改变母亲和弟弟妹妹们的身体多病的事实，而不断的寻找着温暖的生活环境，游走迁徙在欧洲各地。因此萨金特的青少年时期几乎是在颠沛流离中度过的，这给他带来了体味欧洲各地风土人情与文化的机会。他曾为那山那水、那石那树以及不同文化底蕴侵炙下人们张张真实的脸所感动，但意大利所存有的那份如母亲般的特殊情怀却伴随了他一生。萨金特用他那赋有魔术师手杖般的画笔赞美着意大利人民、土地和文化，并将此永久地保存在他的绘画中……

萨金特的画看上去是流动的，如偏光镜一般折射出人物的内在。1887年，萨金特在英国乡村的繁茂绿意中专注表达光线与色彩，重新唤起对水彩画的兴趣。萨金特的画作是美国艺术的里程碑，他的肖像名作《X夫人》成为乔亚·迪利贝托小说《我是X夫人》的灵感来源。《X夫人》因为画中人物的站姿、服装甚至皮肤的颜色带有性暗示，大胆挑战了中产阶级审美趣味，被认作是巴黎人的耻辱。萨金特的绘画技巧吸收了当时印象派的"印象化"，即不再拘泥于细致完整的形体刻画。这种放松的笔触给人活泼灵动潇洒的感觉。可以说萨金特处于当时的艺术先锋地位。但是，如此简单的服饰、站姿，甚至皮肤上的粉色彻底颠覆了在沙龙中处于主导地位的中产阶级口味——沙龙是当时中产阶级接触艺术品的地方，在他们眼中，"美"是高大美丽的女人穿着缀满了花边的华丽巴黎时装。萨金特声名狼藉地来到英伦后一直把《X夫人》安放于画室中，肖像画简洁的曲线，表现着画家敏感的手指，以及感觉主义者的天赋。"她"的"特殊气息"让他所有的画作都带上了相似的味道，感染了英国和美国的审美口味。

1885年夏天，萨金特离开巴黎到英国。他研究莫奈一系列干草堆绘画。受到莫奈启发，他实验一种新的着色与描绘光的技法，于1887年画了一幅题为《康乃馨·莉莉·莉莉·玫瑰》的画。这幅画是他精心制作的传世经典作品，描绘了孩子在花丛中点灯笼的情景。这幅画的最具有魅力的是画面千变万化的丰富色彩，令人赏心悦目，虽然重视色彩的表现，但花的形状历历可见，丰富的色彩和花的芬芳融为一体。是一幅色彩、调子受日本浮世绘与印象派影响的力作。画面以浓艳饱满的色彩，通过对一花一木真切细密的写真，竭力表现自然的纯朴和情感的和谐。花簇中情致如痴的小女孩，沐浴着灿烂的春晖，灯笼内明明灭灭的烛光映红了她们半边的面颊，鲜花浓荫构成烂漫粲然的背景，使画面充满了阳光和空气的真实感，增添了盎然妩媚的生机，凝聚着欢愉轻盈的唯美主义情调。

德 加

德加（1834—1917年），印象派人物画家，现实主义绘画巨匠。1834年7月19日生于巴黎。父亲是个金融资本家，祖父是个画家，从小便生长在一个艺术环境里。1854—1859年，德加在意大利的美术学校学习文艺复兴时期的艺术。1859年回到巴黎，那时的德加已是安格尔画派的素描行家，这种素描是一种古典主义的素描。1859年前，德加经常画一些人物肖像以及一些历史主题的人物。1869年，德加画了大量色粉习作，主要画的是海滨浴场。

德加作品

1870年代初期，芭蕾舞女是德加非常喜欢的主题。1870年之后，他的创作风格开始转向现实主义。这种理论主张放弃古代希腊的美的理想，而代之以朴实、真挚地表现所见的事物。德加虽然反对印象主义，但是他还是积极参加了历届印象派画展。1893年，德加感到他有失明的危险，因此他狂热的画起画来,这时的德加对人对己都很苛刻,性情变得十分古怪。1917年9月27日,德加逝世于巴黎。

印象派人物画家德加

埃德加·德加为法国印象派代表人物之一。他出生在法国一个富裕的家庭,曾在美术学院随安格尔盼弟子学过画,并潜心研究卢浮宫18世纪前欧洲大师的作品。1854—1859年,他曾去意大利研究文艺复兴时期的绘画,他早期的作品以古代历史和人像为其主要绘画题材,至1860年中期转为现代题材。他时常与马奈等印象派画家那样注重户外写生,他的作品更强调构图和素描。

德加的绘画注重对形体动作的描绘,常以不寻常的视点刻画人物。他对摄影和日本绘画有着浓厚的兴趣,这些事物对他的作品也产生了一些影响,这可在其1874年所画的《芭蕾舞彩排》中窥见一斑。德加的主要创作题材为巴黎的生活,如《苦艾酒》(1876年),这幅画实际上是在画室中安排好而画的。此外,他也描述赛马场和熨衣、洗浴和买帽子的女人,以及众所周知的芭蕾舞女演员等。

在德加生命的最后20年里,他几乎双目失明,而且独自一人生活,他却完成了许多线条流畅的蜡雕,这些雕刻作品在他死后才被铸成青铜。德加是一位令人尊敬并且在其生前就备受推崇的艺术家,他的创作历来就被视为 19 世纪绘画艺术高峰之一。

1858—1859 年，德加在佛罗伦萨作画时，画了和他住在一起的他的姑母洛拉、洛拉的丈夫贝勒利男爵、她们的女儿戈凡娜和戈丽亚的大量速写。回到巴黎以后，德加用这些速写作为画这样一幅与真人一样大小的肖像画的基础：这家人正穿着德加祖父去世的丧服，祖父的画像挂在后面的墙上。洛拉正在怀孕，发呆地凝视，象征着她对嫁给男爵以后的不幸福和紧张持超然态度，她保护性地搂着一个女孩，另一个女孩则单独坐在中央。男爵则喜怒无常地坐在他的写字台旁。也许这幅肖像画画得太露骨了，它一直留在德加的画室中，直到他去世后才出售给法国政府。

在印象派画家中，德加可以称为具有现实主义品质的巨匠。他和朋友爱谈的话题是："制作对下层群众有益的艺术。"所以他描绘的题材是"巴黎的放浪不羁的艺术家和贫民生活中的日常生活场景，"尤其跑马场和剧院是他经常出入的场所，因此在赛马和芭蕾舞的女演员的作品中，德加成了表现运动的能手。

德加的早期肖像画使他得以发挥准确素描的技巧，也显示出年轻的画家细腻的感觉，显然在手法上仍带有学院式的循规蹈矩和拘束。1860—1862 年间创作的油画《贝列里一家》，画的是他的舅父母及两个表妹。这幅画完全写实，从人物形象和笔触来看，明显地带有安格尔的遗风。画家在人物形象的描绘上下了很大功夫，素描画得极为细腻，但空间感和色彩感都没有充分表达出来，似乎受到某种内在东西的限制。对画家的舅母，画家下了一番工夫刻画，想把她的美尽量表现出来，然而人物有点做作，刻板，缺乏生动自然的气息。

德加想在油画上描绘出令人肃然起敬的姿态，可是结果却破坏了艺术感染力，就像安格尔过分干净简洁的线条把内心的热情封冻起来了一样。与之相比，《募尔比里夫妇肖像》（1867年）则生动自然得多，画中形象突出在画面上。与《贝列里一家》不同，这幅画中莫尔比里上衣的黑色和灰色与身后的墙壁的黄色相对比，在桌布上黄色同黑色又构成对比。因此，基本色很强。德加在这幅画中达到了细腻入微的素描与现实主义构思的巧妙结合。

古典主义的安格尔创作出了大量的历史画（如1811年《丘比特与海神》，1819年《洛哲营救安吉莉卡》，1866年《斯特拉托尼卡》等），德加也想步老师后尘，不止一次地在这种题材上试验自己的才能。19世纪60年代前期是德加的历史画时代，这个时期的作品带着古典画风的烙印。他创作了大型历史画《向少年挑战的斯巴达姑娘们》。1865年又创作了《中世纪战争的一幕，或奥尔良城的灾难》。虽然裸体女子的素描画得不错，但整个画面人物缺乏动势，色彩也很抑郁。自从对历史画题材深度的失败之后，德加感到历史画需要更大想象力，他应该挖掘现实题材，努力在肖像画上有所建树，在这种思想指导下，真正的杰作《年轻女子肖像》产生了。这幅肖像是他1867年画的。画幅不大（27 cm×22cm），但画中倾泻了艺术家面对年轻女子创作过程中的激动情绪。女子头发的栗色映现在浅灰色的背景上，与大衣的棕色组成和谐的色调效果。我们在这幅肖像上已经不再看到安格尔式的冷静的素描了。他抛弃了它，而代之以青春，画面上充满了柔和、温情和激动。只要完美的技巧与内心感情溶合在一起，便会产生优秀的作品。

德加兴趣多样，绘画的题材广泛。在1870年至1873年间，他画了《赛马场的马车》。在这幅画中，可以明显看到日本浮士绘版画对德加的影响，运用了日本绘画的特点，用极为细腻的线描，勾勒出了一幅赛马场上的风俗画。他把画面的一半，让给广阔的天空，造成一种天高云淡的景象，背景舒展。

德加特别强调用记忆的方法作画，反对像莫奈和其他印象派画家那样完全对景写生的方法。他说："眼睛看到什么东西，就表现什么东西，这是一件好事。如果你把记忆的东西用素描形式固定下来岂不是更好，那就是想象力加记忆力共同产生的变相作用，这样就会得到更强烈的印象，也就是说这才是真正东西的再现。只有在这时你才会认识到你的回忆，你的幻想从自然权威束缚下解放出来，该是多么宝贵。"他精于捕捉动态的一瞬间形象，有着敏捷的观察力和记忆力，并且以自己精确的素描技巧表现出那些生动的形象。这种方法给后来的表现派艺术以启示，特别是他后期的作品更体现出这种特色。

德加不被户外作画所吸引，他很少画风景，而大自然却是印象派画家们的安乐窝和精神支柱。"当我们爱着大自然时，我们从来也不知道它同我们是否两厢情愿。"强调用严格精细的素描手法来表现生动的形象。"我总是尽量说服我的同事，要他们按素描的规律来探求新的效果。我认为素描比色彩的表现性能更丰富。可是他们根本不管这一套，走了另一股道儿。"在艺术方法上，他不像莫奈那样追求生动的外光，也不是像塞尚那样把块面和体积转化为色彩。他把色彩仅仅看作是从属因素，而侧重于用素描来"捕捉动态"，用线来表现芭蕾舞女，以及妇女脱衣、洗澡、梳发等各种动态。

在1886年最后一次印象派画家画展上，修拉展出《大碗岛》，德加展出了有总标题的十幅色粉笔画——《裸体、浴女、洗衣、晾干、自己擦

身、梳头，或刚梳完头的组画》。浴女的题材绝不是第一次使用，在德加之前的画家如伦勃朗和安格尔都曾画过，还有那些德加和他的同伴们所收藏的日本版画，也有描绘浴女的。不过，西方的艺术家们总是采用古典形式来画他们的浴女，德加画的显然是现代的场面，这就使人们对他的题材引起激烈的争论。许多人把它们看作是淫秽的，特别是在英国，几年以后爱尔兰作家乔治·莫尔把德加说成是"迄今为止，这些裸女总是被画成一种有假设观众的姿势，但这些被画的妇女是单纯朴实的乡下人，除了她们的身体以外没有什么可感兴趣的东西……如同你通过钥匙孔往里看的那样。"对于这种维多利亚时代的人来说，这些话就是指淫秽。

当德加的视力毁坏后，他的线条优势被进一步使用丰富的颜色所取代，他以宏伟的气势画出了要求他那朦胧的视力来画的大画。在他画完了这幅画的那一时期左右，他给他的朋友写的信中说："我的视力越来越坏，因而我对它有些悲观的想法"，一种阴郁的感觉使他有隐退之心。然后他却成功地用他早年的技巧，在画布上抓住了当那些舞蹈演员们准备上场前的随意的姿势，把她们画在左边并把最左边的一个人切去一半，以强调她们将要跳出去的空间。这幅画和大约在1900年左右画的一些他的最后几幅作品（那时他的视力衰退到只能看见一点点，因此他画的人物不画面部特写而使她们游泳在色彩丰富的旋转的海洋中）使他被错认为是抽象表现派画家的先驱。

◎ 戈 雅

弗朗西斯哥·戈雅（1746—1828年），西班牙恶魔派画家，早期喜欢画讽刺宗教和影射政府的漫画。诸如贪婪的修道士、偷盗、抢劫、接生婆等，全部被他画成魔鬼的样子。他的画粗俗但充满真理，很受广大观众的喜爱。著名作品有《裸体的玛哈》《基督殉难图》。其父是个贫苦的镀金工匠，母亲出身破落贵族。

拿破仑侵略西班牙时，戈雅耳聋了，他同时改变了画风，将题材转向讽刺拿破仑的假仁义和伪道德。戈雅没有受过正规的教育，14岁时一位教士发现了他绘画才能，鼓励他父亲将他送往萨拉戈萨。1769年，戈雅随斗牛士去意大利旅行，参加了帕尔马美术学院的绘画竞赛，得了二等奖。

1773年，戈雅回马德里结婚定居，妻子是好友巴依也乌的妹妹。通过

戈 雅

巴依也乌，戈雅接受了为皇家圣巴巴拉织造厂绘制第一批葛布兰花毯图样的任务。绘制葛布兰花毯画图样对戈雅的艺术之路起到非常重要的作用。这种图样使得年轻的戈雅可以更直率地表现自己的幻想。戈雅艺术的主要优点是绘画表现的鲜明性，人物同背景的完美融合，构图的貌似杂乱的丰富性，人物表现的用笔温柔灵活、温情脉脉。1828年4月16日，戈雅病故，享年82岁。

恶魔派画家戈雅

戈雅这位充满斗牛气质的西班牙画家，虽然身居宫廷，却以他的画笔无情地揭露西班牙宫廷的昏庸和荒淫，讽刺封建天主教的虚伪与残暴。他画的《查理四世一家》像，用直率的态度，把主人公们昏庸、狡黠的本质充分表现了出来。用法国作家戈蒂的话说就是"一群用勋带绶章、珠宝绸缎装点起来的白痴和暴发户"。

铜版画《狂想曲》是一组噩梦式的幻想性作品。其中戈雅把欺压人民的统治阶级比作愚蠢的驴子，有的驴子骑在人的背上，还洋洋得意地说：累死你也要驮着我。

由于戈雅的绘画有明显的向封建天主教挑战的意味，曾多次遭到宗教裁判所的质询、干预和威胁，但戈雅始终忠于一个艺术家的良心，勇敢地与一切不平等、不合理现象作斗争，热情地讴歌自由和民主。

1808年拿破仑军队入侵西班牙，人民奋起反抗。戈雅坚定地站在人民一边，并满怀激情地创作了《五月三日的枪杀》等作品，如他所言"用自己的画笔使反抗欧洲暴君的这次伟大而英勇的光荣起义永垂不朽"。这幅作品也成为美术史上反抗民族压迫，控诉侵略战争的力作之一。

戈雅晚年终于与宫廷彻底决裂，返回阔别已久的乡间，创作了《巨人》等作品，寄托了他对未来的希望。由于对西班牙统治者的不满，戈雅1824年辞去宫廷职位，侨居法国，直至逝世。

油画《裸体的马哈》和《着衣的马哈》是戈雅的代表作品。"马哈"是西班牙语"俏女郎"之意，模特儿据说是阿尔巴公爵夫人。两幅画中人物姿态都相同，双掌交叉于头后，身躯斜卧于床上，人物俊俏丰满。画家致力于表现人物身上所诱发出来的青春美的魅力。作为近代描绘赋予现实意味的女性人体，可算是一个先驱。这在西班牙宗教裁判所的黑暗统治年代，不能不说具有十分重要的反封建意义。

◎ 马蒂斯

亨利·马蒂斯（1869—1954年），法国著名画家，野兽派的创始人和主要代表人物，也是一位雕塑家、版画家，他以使用鲜明、大胆的色彩而著名。他与毕加索是20世纪最重要的两位画家。

1869年12月31日，马蒂斯生于法国南部勒卡多小镇，1889年一家律师事务所当上了办事员。1891年怀着当画家的志向再次来到巴黎，1892年转入象征主义画家莫罗的画室学习。在莫罗鼓励下，马蒂斯认真研习卢浮宫的藏画，不间断地临摹各艺术大师的作品。室内的女人及静物是他最喜欢画的题材。

马蒂斯

1896年，马蒂斯的油画第一次在"国家美术联盟沙龙"公开展出，获得成功。马蒂斯的风景画、人物画、静物画，形体简洁、色彩鲜亮，让老师莫罗甚感惊讶。1896—1904年，马蒂斯内心萌动了革新意念，开始注视印象主义、新印象主义、后印象主义的作品。1905年，巴黎秋季沙龙美术作品展揭幕时，一位名叫路易·沃塞尔的批评家被一幅幅用纯色随意涂抹成的油画惊得目瞪口呆，指着雕像惊呼"多那太罗被野兽包围了"，这一句戏言即出现了一个崭新的流派——野兽派。马蒂斯是这个流派的灵魂人物。1954年11月3日，马蒂斯逝世。

"野兽派"的灵魂人物

野兽派是1905年产生于法国的一个松散的艺术团体，是20世纪诸多现代主义艺术流派的开端者。1905年在巴黎举办的秋季沙龙中，批评家活塞尔看到一尊古典雕塑放置在色彩强烈的绘画作品中间，便说了一句话："多那太罗被野兽包围了！"这便是"野兽派"的来源。野兽派的目的是要建立新的绘画准则，提升纯色的地位，新印象主义对野兽派画家都有不同程度的影响。其作品的显著特征是运用色彩的强烈对比，造成一种狂乱的色彩效果。

马蒂斯生于法国南部勒卡多小镇。父亲是个商人，母亲曾做过陶瓷厂的画工。少年时代的他在维尔曼杜瓦度过，中学毕业后他遵照父亲旨意赴巴黎攻读法律，完成学业后，他回到家乡附近的圣一康丹，在一家律师事务所当上了办事员。21岁那年，他患阑尾炎而住进医院，为了打发无聊时间，母亲送给他一盒颜料、一套画笔和一本绘画自学手册作为礼物。在画画当中，马蒂斯平生第一次感觉到"自由、安宁和闲静"。马蒂斯的绘画热情一发不可收拾，偶然的机缘成为他一生的转折点。用他自己的话说："我好像被召唤着，从此以后我不再主宰我的生活，而它主宰我。"

1892年，马蒂斯考入美术学院，在象征主义画家莫罗的画室学习。莫罗对绘画色彩的主观性论述，给马蒂斯很大的影响。可以说是莫罗塑造了马蒂斯。莫罗曾对马蒂斯说过"在艺术上，你的方法越简单，你的感觉越明显。"正是这句话引导了马蒂斯的绘画风格，使他能够用简洁的线条和鲜明的色彩塑造出他所构想的一切，对他终生的艺术创作产生了深远的影响。

离开美术学院后，受西尼亚克新印象主义的点彩画法影响，马蒂斯创作了《豪华、宁静、欢乐》，该画取材于波德莱尔的诗篇《西苔岛之游》："在那里，一切如此美丽而秩序井然，豪华、宁静，充满欢乐。"此画表现出作为色彩画家的马蒂斯那巨大的构思能力。粉红色、黄色和蓝色的色点的组合，充满幸福和欢乐的情调。这幅画使他赢得了许多青年画家的崇敬。

1905年后马蒂斯完成了《生活的欢乐》。在这幅画中，一群东方闺秀式的女子在景色迷人的海边尽情享受着生命的欢乐。远景有一群女子围成圈跳舞，而近景裸女的静止姿态与之形成对比。以视觉艺术的方式表现人间天堂或黄金时代的概念，可追溯到文艺复兴时期。马蒂斯画中的风格可以在卡拉奇的《黄金时代的爱》以及安格尔的《黄金时代》等作品中见到。尽管马蒂斯总是以西方古老的主题为素材，但他的灵感却来源于东方艺术，体现了野兽主义的美学观念，那就是大胆的色彩、简练的造型，和谐一致的构图以及强烈的装饰性趣味。

1905年秋季沙龙上，马蒂斯展出的作品除这幅画外，还有两件，那就是《开着的窗户》和《戴帽的妇人》，其热情洋溢的强烈色彩似乎已经挣脱冷酷的外形的束缚。1908年，马蒂斯发表了他的《画家札记》，生动地论述了自己的艺术观，对现代绘画影响极大。他说："奴隶式地再现自然，对于我是不可能的事。我被迫来解释自然，并使它服从我的画面的精神。如果一切我需要的色调关系被找到了，就必须从其中产生出生动活泼的色彩的合奏，一支和谐的乐曲。颜色的选择不是基于科学（像在新印象派那里）。我没有先人之见地运用颜色，色彩完全本能地向我涌来。""我所梦想的艺术，充满着平衡、纯洁、静穆，没有令人不安、引人注目的题材。一种艺术，对每个精神劳动者，像对艺术家一样，是一种平息的手段，一种精神慰藉的手段，熨平他的心灵。对于他，意味着从日常辛劳和工作中求得宁静。"他毕生的作品，包括后来在两次世界大战期间的作品，无不贯彻了这种精神。例如《红色的调和·食桌上》《弹吉他的少女》等。

　　为了研究人体，马蒂斯借助了雕刻。他一生创作了大约七十件雕塑作品，以粘土来塑造人物，有助于他更好地将坚实的形体压缩在二维的平面上，从而取得整体效应。这个时期的代表性作品是《奴隶》，这个"奴隶"的姿态令人想起罗丹的《行走的人》。马蒂斯对雕塑艺术所贯注的极大热情，如同他在绘画中使用着饱满、单纯的色彩一样，他希图做到体量和形态"本能地向我涌来"。1907年他所作的《斜倚着的裸体》，是将他同时所作的油画《蓝色的人体》"翻译"为雕塑。后来的《装饰人物》《蛇形人》《胸前的十字架》，都反映了他在雕塑语言上的探索，对现代雕塑影响极大。

野兽主义作为一场有声势的现代主义思潮，到1908年以后就销声匿迹了。在野兽主义之后，马蒂斯继续他的探索。直至1920年之前，他采用各种自由的手法创造一种新的绘画空间，而且还经历了短暂的立体主义时期。著名的《红色中的和谐》与他早年的印象主义作品《餐桌》相比，似乎又一次显示了马蒂斯的绘画发生的革命性变化。他抛弃了传统的透视，用色彩关系以及蔓藤花纹的暗示来建立新的空间幻觉，创造了一种充满异国情调的、神秘奇特的新境界。

1907—1910年间，马蒂斯继续在他偏爱的人间天堂、黄金时代之类的享乐主义主题中探索线条、色彩与空间的关系。其中最著名的是绘于1909年的《舞蹈》，这个题材曾在《生活的欢乐》一画的远景中出现过。

马蒂斯晚年的艺术是极其简练的，带有平面装饰性的艺术，创造了"大装饰艺术"的概念。1950年，他画中的色块已开始具独立趣味。这一时期开始采用色彩剪贴，这种技法成为其暮年的主要创作手段——纸片根据其要求先涂好色，然后剪下来，用以拼组画面。这种要求极度单纯的方法，磨练了马蒂斯的装饰才能。

◎ 伦勃朗

伦勃朗（1606—1669年），欧洲17世纪最伟大的画家之一，荷兰历史上最伟大的画家。生于荷兰的莱顿，父亲是磨坊主，母亲是面包师的女儿。伦勃朗年少成名，但半生潦倒。伦勃朗的顶峰之作属肖像画，包括自画像以及取自圣经内容的绘画。在油画和版画创作中，伦布朗展现了他对古典意象的完美把握，被称为"文明的先知"。

伦勃朗

伦勃朗14岁进莱顿大学，17岁去阿姆斯特丹向历史画家拉斯特曼学画，成为阿姆斯特丹的主要肖像画家。他的肖像画风格人物安排具有戏剧性，深深打动人心。他对戏剧很感兴趣，经常利用如同舞台高光的亮色描绘在阴暗背景下的人物。从1640年代开始，他经常到乡村漫步和作画，创作了许多反映大自然的素描和版画，风格质朴。

伦勃朗1669年在贫病中去世，身边只有女儿陪伴，死后葬在教堂一个

无名墓地中。伦勃朗一生留下六百多幅油画，三十多幅蚀版画，两千多幅素描，一百多幅自画像。

革命风暴中的英雄城

伦勃朗出生时的荷兰莱顿，那时正处在一场伟大的革命风暴之中。历史上，荷兰的前身是16世纪西班牙国王拥有的一片位于欧洲西北部的领地。这片领地一共有17个省，现今的荷兰是其中的一部分。作为国家的荷兰本应叫做尼德兰，荷兰只是其中一个主要省份的名字。15、16世纪，尼德兰城市经济发展迅速，近代民族主义也随之成熟起来。当地居民再也无法忍受来自外国的暴君统治，结果1566—1609年，世界历史上第一次成功的资产阶级革命便在这里爆发了，史称"尼德兰革命"，正是这次革命使荷兰成为了一个独立的主权国家。

革命中，尼德兰人民曾展开轰轰烈烈、如火如荼的武装斗争。1574年，西班牙军队围困莱顿城。一围就是几个月，眼看城中就弹尽粮绝了。西班牙人威胁诱降，莱顿人斩钉截铁地回答："只要你们还听得见城里有犬吠鸡鸣，城市就守得住……为了保卫我们的妇女和儿童，保卫我们的自由和宗教，免受外国暴君的蹂躏，我们每个人都会吃掉自己的左手来保全右手。"

莱顿人掘开堤坝，大水使城市四郊一片汪洋。不久，西班牙人在莱顿居民及其援军的夹击下狼狈不堪地逃走了。莱顿人民夺得自由以后非常迅速地恢复和发展他们的城市，一年后他们骄傲地在城里创建了荷兰的第一所大学。后来，革命者成立了"尼德兰联省共和国"，当他们同西班牙王室谈判的时候，在莱顿一个平庸的磨坊主家里悄悄生下了一个决不平庸的小生命，他就是日后的大画家伦勃朗。

伦勃朗小时，当地已经不再有狂风暴雨似的武装斗争，但社会正处在急剧的转折之中，百业俱兴，到处生机盎然。忙忙碌碌的人们没有留意那个爱画画儿的小孩是怎样默默地长大，怎样时时睁圆一双好奇的大眼睛观察着他周围的一切。父母亲都是很普通的人，父亲整天忙他的磨坊生意。母亲是个面包师的女儿，现在扮演一个勤劳的家庭主妇。然而他们并没有忽视孩子的文化教育，他们甚至把他送入了莱顿大学。

可是，伦勃朗天生是要做画家的，那时的大学里没有艺术系，不教绘画。过了不太长的一段时间以后，伦勃朗就再也耐不住性子了，于是便退了学，转到当地一家画坊里当了学徒。三年后，他又到阿姆斯特丹，跟一位较有名气的新派画家学习了半年多。回莱顿后，他便独立作画了。他画的主要是他本人的自画像，以及他一些亲友的肖像。他虽然还没有自己独特的风格，但各方面的技巧已经渐渐成熟起来。而且画中有一些受到意大利绘画影响的痕迹，那是阿姆斯特丹的老师转传给他的。

伦勃朗练画非常勤奋。在莱顿的大街小巷和莱顿四郊的原野上，人们经常可以看到他和他在阿姆斯特丹结识的一位伙伴，背着画架四处游走，或者聚精会神地作画。他们是那样热情那样执着，你可以感觉到他们的职业前景会是不错的。

去首都"火"起来

有一天,伦勃朗对他的伙伴说:"我看,在家里练画也练得差不多了,无论如何得出去闯闯。现在革命了,不再像过去要依附一位贵族,但画家也得吃饭,得凭画画的本事挣饭吃。"

"我们现在不也在挣?要是有人订画,我们还能不画?问题是像你我这样的无名之辈,谁向咱们订呢?你一旦离开家,可又没人买你的画,自己挣不到钱怎么办?"

"挣不到就饿着!每张画都玩命去画,我就不信没人买。"伦勃朗有些恼,发着狠说,"没名挣不到钱,可是名也是挣出来的。你看着,我一定走,去阿姆斯特丹,连名带钱一齐挣回来!"

"劝你还是别去。在莱顿挣什么也一样挣。在这儿都什么也挣不到,还去阿姆斯特丹?"

原来不过是说说,这回反而下定了决心,伦勃朗于是就去了首都阿姆斯特丹。先就是到处乱闯,后来被一位有钱的画商看中,有机会画出大型油画《杜普教授的解剖学课》,获得极大成功。文艺复兴以来,解剖成为一门既时髦又冒风险的学科,所以画解剖课的人并不算少。但以往这类题材的画,大都是把一大帮神情呆板的人平铺在画面上。伦勃朗没有这么简单地处理这幅集体肖像,他让教授及其解剖对象处于画面的主要位置,其他人则被以金字塔形结构安排在解剖桌的后面，并运用明暗对比的手法，使画的主体充分突出出来。这幅画使他获得了极高的声誉。再加上，他又娶了画商的女儿莎丝基娅为妻，有机会接触众多的富裕主雇，以致大批的订件源源而来。伦勃朗真的一下子"火"了起来。

在一幅题为《画家同他的妻子莎丝基娅》的画上，春风得意的伦勃朗打扮得像一位骑士，正兴高采烈地举杯祝酒，年轻貌美的妻子横坐膝头，转眸而笑。画中的人自负的笑着，让人很难想象那是一位杰出的艺术家，而倒像是一个乱世中的狂妄的军官。然而，伦勃朗可用不着谁来为他瞎操心，再舒适的生活都不会令他堕落，再顺遂的处境也不会让他懒散。他每天依旧异常勤奋地作画，不仅在宽阔的画室里，也在肮脏的小巷中；不单画雍容的贵妇人，更画朴实的劳动人民。

伦勃朗画了许多宗教题材的画，可是你并不会想到他是一位宗教艺术大师，而只会认为他是画情节画的能手，因为他是"按照荷兰农妇来画圣母的"（马克思语）。在中国，同样题材的伦勃朗作品中最著名的是《圣家族》。伦勃朗是完全按照一个普通木匠家庭的样子来画这幅《圣家族》的。如果不是左上角的那几个小天使，你怎么也不会看出，这是一幅宗教画。画面上最主要的位置画的是一位正在照看婴儿的妇女，要不是她手捧一本大书，便完全是一个地地道道的"荷兰农妇"。在她身后的暗影中，可以看到她丈夫正俯身做木匠活儿。母亲怕干活儿的声音会打扰孩子的酣睡，俯下身去探视，并拿了件衣物想替他遮盖一下。作为《圣家族》，这幅画上的婴儿就是耶稣，"荷兰农妇"是圣母玛丽娅，丈夫是木匠约瑟。

像所有文艺复兴时代的学者们一样，伦勃朗也极其热衷于广泛收集古代艺术品。而且他还收集同时代的其他艺术家的作品。在这些事情上，他不知花了多少钱。

《夜巡》事件

1642年,对伦勃朗来讲,是个倒霉的年头。首先是他忠实的妻子早早去世了,这使他十分悲痛。随后,他又因一幅为军官们画的集体肖像而得罪了大批有钱的主顾。那幅有众多人物的肖像被后人称为《夜巡》或《夜警出征》。从这名字你就可以知道,那实在不大像一幅肖像,而倒像是一幅颇具戏剧性的历史画。

画面上一大群军人正在长官的带领下准备出征,它很容易让人联想到不久前发生的那场武装革命。画虽很有生机与动感,很感人,但多数人被放到了不显眼的位置,这使雇主们十分恼火。明暗对比手法用得有点过分,以致整个画面显得非常昏暗,看上去像是夜景。这画反应了伦勃朗在艺术上的刻意探索。然而,雇主们可不管这些,他们断然拒绝这幅画。对艺术的执着,使伦勃朗表现得十分固执。结果,雇主们坚决要求退货并赔偿。

妻子的去世和生意的挫折,使伦勃朗悲伤到了极点。朴实美丽的斯陶菲尔丝对他十分同情。她既是他的仆人,又为他作模特,这时更承担起了对他整个生活的照料,两人渐渐亲密起来。那些正在寻机报复他的家伙立刻把他的"丑事"四处宣扬。一下子,所有有钱的主顾都不上门了,上门的只有债主。

伦勃朗负债累累，债主们如狼似虎。伦勃朗的收藏都被夺走了，家具和住宅也被夺走了。别人夺不去的只剩下他对艺术的追求以及斯陶菲尔丝爱他的心。他便带了这两样在阿姆斯特丹及其四郊游走，细心观察他所遇见的一切事物，画下了大量作品。他的画失去了以往那种激动人心的风格，而变得很沉静。这是一种脱俗，脱去了所有的浅浮而日益深刻。

伦勃朗晚年视力有所下降，体力也不及从前，但技法始终都在不断地完善。他的画，笔法豪放，情调庄严，色彩浓重而绚丽，具有极强的深度感和极其感人的表现力。明暗处理仍是他最得力的手段，他用它来强化构图效果，并揭示心理矛盾。他常用的那种手法，就像是给主要人物来了一个特写，在昏暗的舞台背景下，打出一道强光，使需要表现的主体完全突现出来。在晚年的自画像上，伦勃朗是一个已经直不起腰的随和老人。他披着旧衣，戴顶布帽，嘴巴半张，强颜苦笑。豪放的笔触，凝重的色调，刚好表现出坎坷人生留给他的那种苍劲的面貌。

◎ 希施金

希施金（1832—1898年），俄国画家。是19世纪俄国巡回展览画派最具代表性的风景画家之一，被称为"俄国风景画发展的里程碑"。1832年，希施金生于叶拉布加，在维亚特省度过童年。1852—1856年，希施金在莫斯科绘画雕刻建筑学校学习，1856年考入彼得堡皇家美术学院，1860年因毕业创作获得金质大奖而公费去德国和瑞士进修。

1865年希施金回国后，获得彼得堡美术院院士称号。1870年，他与克拉姆斯科伊、佩罗夫等积极筹建俄国巡回展览画派。他的作品在俄国19世纪后期的画史上独树一帜，被称为俄罗斯风景画派的奠基人之一。

希施金

"森林的歌手"

伊凡·伊凡诺维奇·希施金,是19世纪俄国巡回展览画派最具代表性的风景画家之一,被克拉姆斯柯依称为"俄国风景画发展的里程碑"。

希施金一生为树木写生,描绘了俄罗斯北方大自然的宏伟壮丽,探索森林的奥秘,被人们誉为"森林的歌手"。希施金出生在维亚特卡省的一个商人家庭,他自幼就生活在森林之中,对森林怀有深厚的情感,也使他获得有关森林的许多知识,从学画起就立志画大森林。

希施金20岁时来到莫斯科,考入绘画雕刻建筑专科学校,入莫克里茨基工作室学习。毕业后升入彼得堡美术学院,入画家伏罗比约夫画室学习五年,前后九年的艺术学习,使他的绘画基础非常扎实。希施金28岁以优异成绩获得金奖,走出校门,赴德国和法国深造。33岁又获彼得堡美术学院院士称号,1873年被聘为教授。

希施金的风景画多以巨大的、充满生命力的树林为描绘对象,那些摇曳多姿的林木昂然挺立,充满生机。繁木菁林,疏密有致,大森林的美与神秘,被渲染得淋漓尽致,可谓美不胜收。希施金所描绘的林木,无论是独株,还是丛林都带有史诗般的性质。林木的形象雄伟豪放,独具个性,显示出俄罗斯民族的性格。

希施金是巡回艺术展览协会的创始人之一,是杰出的风景画家。他笔下的森林气魄雄伟、豪迈壮观。1869 年创作的《莫斯科郊外的晌午》是一幅讴歌俄罗斯风光的画卷，诗意盎然。《松树林》《麦田》《在平静的原野上》《森林深处》《松林的早晨》《造船木材森林》等作品在俄罗斯家喻户晓，流传很广。此外，画家创作的素描、石版、铜版画也相当出色。1893 至 1895 年希施金在皇家美术学院任教。

这位俄罗斯杰出的风景画大师，一生中画过千林万树，人们把他的绘画誉为"大自然的肖像"，油画《松林的早晨》是希施金的代表作之一。它揭示了森林中神秘和幽深的意境，使人身临其境，心旷神怡。这幅油画，把我们带入一种非常优美的诗意般的境界中：早晨，金色的阳光透过朝雾射向林间，清新潮润的空气浸润着密林，巍然挺拔的松树枝叶繁茂，生机勃勃，表现了大自然无限的生机。在这大自然的怀抱中，你仿佛可以尽情地呼吸这甘美新鲜的空气，你几乎能兴奋得叫出声来，聆听自己那激荡于林间的回声。在这安谧寂静的环境中，几只活泼可爱的小熊在母熊的带领下，来到林中嬉戏玩耍，它们攀援在一根折断的树干上，相互引逗，似乎在练习独立生活的本领。这一生动细节的描绘，使整个画面产生了动静结合的艺术效果，同时，也增强了观者身临其境的真实感。

在艺术表现上，这幅油画独具匠心，令人赞叹不已。大片松林虽然布满整个画面，但是，由于安排得错落有致，主次分明，虚实相间，使画面显得多而不乱，密而不塞，给人以疏朗、开阔、深远的感觉。特别是画家那种对大自然敏锐的观察力和精湛的写实功力，无论对粗犷的树干、舒展的枝叶，还是对盘曲的根部、附着的青苔的描绘，都使人感到格外的自然和亲切，毫无雕琢的痕迹。光在这幅风景画里起了举足轻重的作用，阳光给画面带来生命的颤动，它透过枝叶，在树身上留下花边状的淡影，与地面的浓影形成对比。从密林深处升起的雾气，画得恰到好处，使画面明朗，并赋予松林以神秘莫测的意味。画面用色清新、明快、含蓄而丰富，充满了朝气，倾注着画家对祖国，对大自然深厚的赤子之情。

◎ 巴　赫

约翰·塞巴斯蒂安·巴赫（1685—1750年），德国作曲家，伟大的"西方音乐之父"。巴赫家族是一个人丁兴旺的音乐家族，这个家族从16世纪中叶就开始出现音乐家，一直延续到19世纪末，300多年共出现了52位音乐家。巴赫的祖父就是一位音乐家，他的父亲也是一位音乐家，他自幼生活在良好的音乐环境中。巴赫22岁时与表妹玛利亚结婚。巴赫的子女共有9人长大成人，其次子卡尔·菲力普·巴赫长期居住于汉堡，被称为"汉堡巴赫"；三儿子约翰·克里斯蒂安·巴赫长期居住于伦敦，被称为"伦敦巴赫"，他们在音乐史上都很有地位。

巴　赫

巴赫集意大利、法国和德国传统音乐中的精华，曲尽其妙，珠联璧合，对整个德国音乐文化及至世界音乐文化产生了深远的影响。巴赫生于德国爱森纳赫，9岁丧母，10岁成了孤儿。巴赫是一位多产的作曲家，他的作品包括有将近三百首的大合唱曲，其曲调深沉、悲壮、广阔、内在。著名的音乐作品有《马太受难曲》《b小调弥撒》《法国组曲》《英国组曲》和六首《勃兰登堡协奏曲》等。

巴赫一生的主要功绩在于：把音乐从宗教附属品的位置上解放了出来，使之平民化；把复调音乐发展成主调音乐，大大丰富了音乐的表现力；确立了键盘乐器十二平均律原则；奠定了现代西洋音乐几乎所有作品样式的体例基础。

一生艰辛的岁月

伟大的作曲家巴赫是第一个把各国不同风格的音乐成功地糅合在一起的人。巴赫把意大利、法国和德国音乐传统中的精华集中起来，再加以丰富。他生前不出名，死后的50年中也几乎被遗忘。但最近一百五十年来，他的名声逐渐兴起，今天他已被公认为世界上最伟大的作曲家之一。在一些人眼里，他甚至是最好的。

巴赫1685年生于德国的爱森纳赫，他很幸运地成长在一个音乐才能得到赞扬、音乐成就得到鼓励的环境里。实际上，巴赫家族在他出生之前，已经在音乐领域享有杰出地位好多年了。他的父亲是个出色的小提琴手，两个叔叔是极有才能的作曲家，几个堂兄弟是非常受尊敬的音乐家。

巴赫在少年时靠奖学金上了吕纳堡的圣迈克尔学校，这一方面是由于他的好嗓子，另一方面也是由于生活困难，1702 年他从该校毕业，次年在一支小管弦乐队找到了小提琴手的位置。在以后的 20 年里，他换过许多工作。尽管他还是作曲家、教师和指挥家，但在生前，他是以一个优秀的风琴手著称。1723 年，巴赫 38 岁时，在莱比西的圣托马斯教堂获得了一个领唱者的位子，并在此度过了他余下的 27 年生命。

巴赫从来未得到过更好的职位，经常是勉强维持家里的生计。他从未像莫扎特、贝多芬那样在生前就赫赫有名，甚至不如李斯特和肖邦，他的雇主中没有一个曾认识到他的天才。在莱比锡，一个委员会想雇一个"头等的音乐家"，只有当他们首选的两个人未到任时，他们才勉强把职位给了巴赫。在早几年，巴赫想离开魏玛宫廷风琴手和首席小提琴手的位子，另谋高就，公爵不愿意他走，把他投入了监狱。巴赫在监狱里呆了 3 个星期，最后公爵发善心，让他走了。

巴赫 22 岁时与他的表妹结婚，他们生有 7 个孩子。35 岁那年妻子去世。次年，他再次结婚，第二个妻子不仅给他抚养了前妻的 7 个孩子，而且又为他添了 13 个孩子。只有 9 个孩子活到成年，其中 4 个凭他们的才能成为了著名的音乐家。

巴赫是个高产的作曲家。他的作品包括约 300 部大合唱，48 首赋格曲，140 首前奏曲，100 多首古钢琴曲，23 首协奏曲，4 首序曲，33 首奏鸣曲等。巴赫一生共计创作了 800 多首各类音乐作品！在他死后的半个世纪里，巴赫的音乐被世人忽视了。值得一提的是，那时伟大的音乐家海顿、莫扎特和贝多芬都对巴赫的才能大为欣赏。新的音乐形式在发展，巴赫"过时"的音乐暂时黯然失色了。然而 1800 年以后，对巴赫音乐的兴趣开始产生,从那时起他的声望和影响稳步上升。在今天这个世俗的社会里,巴赫的音乐比他活着时还流行。

令人奇怪的是,一个作曲家在 200 年前被认为在风格和题材上都过时了,今天却备受赞扬,原因何在?首先,从技巧上看,巴赫是所有大作曲家中的巨匠。他汲取了他那个时代所有的音乐资源,并完美地运用他们。例如,以后的作曲家没有一个能在多声部运用上比得过巴赫。另外他的作品在管弦乐的逻辑和变化、主题的说服力以及旋律的表现等方面也备受赞扬。

对于那些对音乐抱有严肃态度的学生来说,巴赫作品的深度和结构的复杂,较之别的大多数作曲家较容易的作品而言,能给予他们更持久的感染力。许多对音乐感兴趣的人都一致认为巴赫是位难理解的作曲家,然而,应该指出的是,巴赫的追随者并未局限在一个小的音乐精英圈子里,除了贝多芬以外,他的唱片可能比其他任何一位古典作曲家都更畅销。

"西方音乐之父"的秘笈是——对技巧的高度掌握,敏锐的分析头脑,深厚的思想深度,对上帝坚定的信仰,激情与怜悯,旋律的天才,公正坦白的天才,确信人创造的音乐是"献给荣耀的上帝的和谐之音"。

◎ 贝多芬

贝多芬（1770—1827年），德国作曲家，维也纳古典乐派代表人物之一。自幼从父学习音乐，1792年起定居于维也纳，以教学、演出及创作为主。1798年起听觉渐衰，1820年后两耳失聪，但仍坚持创作。青年时代受启蒙运动及法国资产阶级革命影响，毕生追求"自由、平等、博爱"的理想。在欧洲音乐史上，继承海顿、莫扎特的传统，吸取法国资产阶级革命时期的音乐成果，集古典派之大成，开浪漫派之先河。

贝多芬

"乐圣"贝多芬

贝多芬的创作成就对近代西洋音乐的发展有深远影响。主要作品有交响曲9部,尤以第三《英雄》、第五《命运》、第六《田园》、第九《合唱》等交响曲最为著名。其他还有钢琴协奏曲5部,小提琴协奏曲一部,弦乐四重奏16部等。1827年3月26日,贝多芬逝世。

作为钢琴家,贝多芬精湛的演奏技巧和音乐鉴赏能力,使每个人都惊叹不已。他首先是以成功的钢琴演奏家和优秀的教师闻名。不久,他又成为一位多产的作曲家。二十多岁时,他的作品就被广泛接受,并受到出版商的欢迎。然而不到三十岁,贝多芬就出现了耳聋的早期征兆。年轻的作曲家无疑深受日益加重的病情困扰,曾一度甚至打算自杀。

1802年至1815年,是贝多芬艺术生涯的中期。在这段时间内,他的耳聋一直在加重,开始远离社交活动。日益严重的耳疾,使别人误以为他是一个愤世嫉俗的人。他曾有过几次浪漫史,但都以不幸的结局告终,终身未娶。

贝多芬的音乐作品不断问世,后来他越来越不关心当时听众的喜好,不然的话,他会一直受到公众的欢迎。贝多芬不到50岁,就完全失去了听觉。他的作品数量大大减少,而且很难理解。现在看来,他主要是为他自己和未来的理想主义听众作曲。据说他曾对一位评论家说:"这些作品不是为你们而是为后代而写的。"命运最残酷的玩笑,是使历史上许多天才的作曲家都受到过听力障碍的折磨。贝多芬以其超人的毅力克服耳聋的困扰,创作出了更加辉煌的作品。

贝多芬非常具有独创精神,他对音乐的某些革新产生了深远的影响。例如,他扩大了管弦乐队的规模,增加了交响乐的长度和范围,证明了钢琴的巨大潜能,并把钢琴推到乐器的首位。贝多芬的作品集古典音乐之大成,开浪漫派音乐之先河,给许多浪漫主义音乐家以莫大启迪。

贝多芬对以后许多作曲家也产生了很大影响,这包括各种风格的音乐家,如勃拉姆斯、瓦格纳、舒伯特和柴可夫斯基。他为伯辽兹、马勒、理查德·斯特劳斯等许多音乐家铺平了道路。贝多芬曾经说:"艺术的目的就是为人类的自由和进步。""音乐应当使人类的精神爆发出火花。"

1824 年,贝多芬早已耳聋。在那次著名的演出中,他站在乐队前面,既不看面前的乐谱,也听不见琴声,全凭自己丰富的音乐记忆指挥演出。

贝多芬的故事

(1) 欣然忘食的夜餐

一天,贝多芬来到一家饭馆用餐。点过菜后,他突然来了灵感,便顺手抄起餐桌上的菜谱,在菜谱的背面作起曲来。不一会儿,他就完全沉浸在美妙的旋律之中了。侍者看到贝多芬那十分投入的样子,便不敢去打扰他，而打算等一会儿再给他上菜。大约一个小时之后，侍者终于来到贝多芬身边："先生，上菜吗？"贝多芬如同刚从梦中惊醒一般，立刻掏钱结账。侍者如丈二的和尚——摸不着头脑："先生，您还没吃饭呢！""不！我确信我已经吃过了。"贝多芬根本听不进侍者的一再解释，他照菜单上的定价付款之后，抓起写满音符的菜谱，冲出了饭馆。

（2）日有进境

晚年的贝多芬有一次听到一位朋友弹奏他的《c小调三十二变奏曲》。听了一会儿，他问道："这是谁的作品？""你的。"朋友回答说。"我的？这么笨拙的曲子会是我写的？"然后又补充了一句："啊，当年的贝多芬简直是个傻瓜！"歌德评论席勒的话，完全适用于贝多芬："他每星期都在变化，在成长。我每次看到他时，总觉得他的知识、学问和见解比上一次进步了。"有一时期，贝多芬甚至想毁掉他青年时期所作的歌曲《阿黛莱苔》和《降E大调七重奏》（作品20号）。这绝不是偶然的，像贝多芬这样，真可以说是"五十而知四十九之非"了。

（3）《月光曲》的诞生

200多年前，德国有个音乐家叫贝多芬，他谱写了许多著名的乐曲。其中有一首著名的钢琴曲叫《月光曲》，传说是这样谱成的。

有一年秋天，贝多芬去各地旅行演出，来到莱茵河边的一个小镇上。一天夜晚，他在幽静的小路上散步，听到断断续续的钢琴声从一所茅屋里传出来，弹的正是他的曲子。贝多芬走近茅屋，琴声突然停了，屋子里有人在谈话。一个姑娘说："这首曲子多难弹啊！我只听别人弹过几遍，总是记不住该怎样弹。要是能听一听贝多芬自己是怎样弹的，那有多好啊！"一个男的说："是啊，可是音乐会的入场券太贵了，咱们又太穷。"姑娘说："哥哥，你别难过，我不过随便说说罢了。"

贝多芬听到这里，推开门，轻轻地走了进去。茅屋里点着一支蜡烛。在微弱的烛光下，男的正在做皮鞋。窗前有架旧钢琴，前面坐着一个十六七岁的姑娘，脸很清秀，可是眼睛失明了。皮鞋匠看见进来个陌生人，站起来问："先生，您找谁？走错门了吧？"贝多芬说："不，我是来弹一首曲子给这位姑娘听的。"姑娘连忙站起来让座。贝多芬坐在钢琴前面，弹起盲姑娘刚才弹的那首曲子。盲姑娘听得入了神，一曲弹完，她激动地说："弹得多纯熟啊！感情多深哪！您，您就是贝多芬先生吧？"

贝多芬没有回答，他问盲姑娘："您爱听吗？我再给您弹一首吧。"一阵风把蜡烛吹灭了。月光照进窗子，茅屋里的一切好像披上了银纱，显得格外清幽。贝多芬望了望站在他身旁的兄妹俩，借着清幽的月光，按起了琴键。

皮鞋匠静静地听着。他好像面对着大海，月亮正从水天相接的地方升起来。微波粼粼的海面上，霎时间洒满了银光。月亮越升越高，穿过一缕一缕轻纱似的微云。忽然，海面上刮起了大风，卷起了巨浪。被月光照得雪亮的浪花，一个连一个朝着岸边涌过来……皮鞋匠看看妹妹，月光正照在她那恬静的脸上，照着她睁得大大的眼睛。她仿佛也看到了，看到了她从来没有看到过的景象，月光照耀下的波涛汹涌的大海。

兄妹俩被美妙的琴声陶醉了。等他们苏醒过来，贝多芬早已离开了茅屋。他飞奔回客店，花了一夜工夫，把刚才弹的曲子——《月光曲》记录了下来。

◎ 拉 莫

拉莫（1683—1764年），法国巴洛克晚期作曲家、音乐理论家。他的父亲为管风琴乐师，望子成为律师。但他酷爱音乐，18岁赴意大利，次年回国在各地任管风琴乐师，受当时大键琴大师马尔尚的影响，创作《大键琴曲第一集》。自1715年起，拉莫任克莱蒙的教堂管风琴乐师，并开始钻研和声基础理论，他以自然泛音为基础的和声体系，仍为20世纪和声教科书的理论基石。

拉 莫

1706年，拉莫出版《羽管键琴曲集》，1722出版《和产基本原理》，1750年出版有《和声原则例解》，提出了强调中心、基础低音、和弦根音位置及移位的原则，确立了主、属、下属3个基本和弦，为现代和声理论奠定了基础。1723年开始，拉莫从事歌剧、舞剧创作，其代表作有《卡斯托与波鲁》《达达努斯》《殷勤的印度人》《青春女神节》《一大盘》等。

1733 年，拉莫第一部歌剧《易波利与阿利希》首演成功，与伏尔泰合作了只供宫廷娱乐的歌剧《光荣的殿堂》及《那瓦尔的公主》，其他主要歌剧有《卡斯托与波鲁克思》《达达努》等。主编《百科全书》的卢骚与狄德罗等作家起初是拉莫音乐的热心支持者，随着古典派音乐的兴起，逐渐降低了拉莫的声誉。拉莫创作生涯的顶峰是在 1748—1754 年间，在这期间写了成名作《皮格马利翁》。

和声音乐的创立者

菲利普·拉莫，1683 年 9 月 25 日生于第戎，1764 年 9 月 12 日逝于巴黎。他是巴洛克时期法国最伟大的作曲家和理论家，与约翰·塞巴斯蒂安·巴赫、亨德尔、多美尼科·斯卡拉蒂和泰勒曼生活在同一时代，不但是当时法国乐坛的领军人物——尤其是在戏剧音乐方面，还是和声理论的重要奠基人。

1701 年，18 岁的拉莫对意大利做了一次为期几个月的求学旅行，但对那儿的歌剧印象一般。拉莫回到法国后，开始了流浪艺人的漂泊生活，他在一些地方演奏管风琴和小提琴。但作为歌剧作曲家，拉莫属于大器晚成者。在经历了近十年的潜心积累和苦心等待后，拉莫终于在 1731 年的一次机遇中如愿以偿。而这次机遇和他将来的成功，与一位名叫普普利尼埃尔的大富豪密切相关。

普普利尼埃尔曾在路易十五的宫廷中担任了17年之久的税务官员,是拥有多处豪宅与房产的富翁。他在巴黎的豪宅中举办了各类文化沙龙,邀请和供养了一批文化界知名人士,其中包括文学家伏尔泰、卢梭和画家图尔等。拥有一支以14人为基数的私人乐队,几乎每天都有音乐会或音乐活动。难能可贵的是,普普利尼埃尔乐于发现和培养新的音乐人才。于是,拉莫得以脱颖而出。

最初,拉莫在普普利尼埃尔的府邸任管风琴师,兼为各类音乐会、舞会、宴会等写曲子,并负责教普普利尼埃尔夫人弹琴。但雄心勃勃的拉莫一直想在歌剧创作上有所作为,他的想法得到前税务官的支持。于是,伏尔泰为拉莫提供了一个脚本《参孙》。不过因为种种原因,这个脚本并没有变成一部歌剧。吕里和路易十四的轰动一时的凯旋主义是一种根深蒂固的表现形式,任何的背离就如同是对他们的触犯。当拉莫经历了50年的演奏生涯,开始在剧院登场时,保守主义者们认为受到了冒犯。

1733年,拉莫的第一部歌剧《希波吕托斯与阿里奇埃》(悲剧)问世,并在巴黎公演。这一年,拉莫55岁。《希波吕托斯与阿里奇埃》脚本是普普利尼埃尔请当时最受欢迎的歌剧脚本作家佩尔格兰神甫根据拉辛作品改编的。虽然这个脚本不能称为杰作,但拉莫却注入了他积蕴已久的创作激情,使这部歌剧形成了独特新颖的音乐风格。此后,拉莫的歌剧创作一发而不可收。1735年,创作了歌剧芭蕾舞剧《壮丽的印度群岛》。1737年,歌剧《卡斯托与波吕克斯》问世,这部作品被公认为是拉莫的歌剧代表作。

以后拉莫又陆续写了《青春女神节》《达耳达诺斯》和《纳瓦拉公主》等,从此名声大噪,1745年他被任命为皇家室内乐作曲家。拉莫晚期的歌剧作品中最重要的是《一盘菜》和《索罗亚斯德》。拉莫原本可以平静愉快地度过一生，但18世纪40年代曾围绕着拉莫西的《女仆做夫人》在巴黎引起轰动，引起了意大利歌剧支持者和法国歌剧支持者之间的激烈争辩，这就是著名的"丑角之争"，这场论战使拉莫成为法国音乐界的热点人物。

拉莫的歌剧一开始就陷入了评论界暴风雨般的激烈争吵，争论的焦点围绕着拉莫歌剧音乐的新风格。拉莫派的人中有国王和他的情妇蓬皮杜夫人，还有思想家、全才伏尔泰。他们支持拉莫，赞赏他的音乐具有"惊人的技巧"。但吕利派的卢梭看了之后便站出来批评拉莫，说他的歌剧枯燥乏味，背离了法国歌剧的优秀传统，远远比不上意大利喜歌剧。

面对两派的激烈争吵，拉莫公开宣布自己的作品风格应该属于吕利派。事实上，拉莫和吕利确实有着许多相同或相似之处，这包括他们都十分注重宣叙调的朗诵性以及对节奏精确细腻地处理，宣叙调和咏叹调之间没有十分鲜明的对比，讲究庞大华丽的舞蹈场面，追求音乐对自然的模仿等。但拉莫更着重理性的表现，更多地插入了舞曲的片断，因此实际上拉莫的歌剧创作为格鲁克的歌剧改革作了准备。拉莫的晚年受宠于法国宫廷，生活优裕。但他离群索居、愤世嫉俗的性格却始终未变。他唯一热爱的是音乐艺术，为此他付出了毕生的心血。在他离开人世后，法国人以隆重的葬礼向这位杰出的音乐家告别。

◎ 理查·施特劳斯

理查·施特劳斯（1864—1949年），德国著名作曲家及指挥家。最初在小提琴家瓦利切尔和宫廷指挥家马耶尔指导下接受音乐教育。5岁时开始作曲，10岁前写出了《节日进行曲》和《木管小夜曲》。1882年，理查·施特劳斯进慕尼黑大学学习。1885年，在梅宁根任宫廷合唱队指挥。1885年至1889年，任慕尼黑歌剧院指挥。1883年至1894年任魏玛宫廷指挥。1894年至1898年任慕尼里宫廷指挥。1908年至1917年为柏林歌剧院音乐总指导。

理查·施特劳斯

1924年，理查·施特劳斯选择慕尼黑附近的戈尔马什为定居处，专事音乐创作，直至1949年9月8日逝世。理查·施特劳斯的作品富于生命力，充溢热情，配器精美，手法新颖，具有较大气派。创作了《莎乐美》《玫瑰骑士》《爱列克特拉》等14部歌剧，《唐·璜》《死与净化》《英雄生涯》《唐·吉诃德》等多部交响诗，以及《家庭交响乐》等多部交响曲、组曲、协奏曲、室内乐和声乐作品。

德国音乐界的领袖

施特劳斯生于1864年，死于1949年。年轻的理查受到父亲弗兰兹·施特劳斯严格古典方式的教养——4岁弹钢琴，6岁时创作一首波尔卡舞曲，十几岁时写了一首交响曲。他青年时期的作品包括：《A大调四重奏》《d小调第一号交响曲》《c小调序曲》、13件管乐器的《小夜曲》《法国号协奏曲》以及《f小调交响曲》和一首钢琴四重奏。其中《f小调第二号交响曲》是按照贝多芬、门德尔松和舒曼的作品创作的，它获得了威望很高的勃拉姆斯的称赞。

1886年，施特劳斯访问意大利之后，创作了一首交响幻想曲《意大利》。施特劳斯称它为"新与旧的连接点"，然后开始了交响诗的10年，这些交响诗使他闻名国际。作品有的阴郁、有的幽默、有的轻快。第一首是1888年《麦克白》；其次是1889年的《唐璜》；第三首是1889年的《死与净化》；第四首是1895年的《提尔的恶作剧》；第五首是1896年的《查拉图斯特拉如是说》；第六首为1897年的《堂·吉诃德》；最后一首是1898年的《英雄的生涯》。

一位俄国极端民族主义"五人强力集团"的成员谈到施特劳斯的某些音乐时说："这不是音乐，是对音乐的嘲弄。"法国印象主义者德彪西本人就是个革新者和进步人士，认为听施特劳斯的交响诗就像在疯人院里待了一小时。在创作这些作品的过程中,这位瓦格纳的崇拜者转向一种新的音乐形式:歌剧。

施特劳斯的第一部歌剧《贡特拉姆》,首演于1894年,是一次惨败。无论是听众还是评论家都不喜欢它,它只演了一场。1901年的第二部《火荒》,情况也同样糟。1905年,也就是施特劳斯以其第一首交响诗震惊音乐界多年后,他在德累斯顿上演的歌剧《莎乐美》情况又是如此。这部取材于王尔德的作品,谈的是朱迪亚公主对施洗者约翰的情欲。对施洗者约翰抱有情欲已经够糟糕了,还在希律王面前跳起淫荡的舞,然后去吻放在一只银盘上约翰的头的嘴唇。

许多人认为这个音乐和故事情节一样充满色情和颓废。听起来就像一首不和谐的"浮沉的噪音"。当施特劳斯试图以古希腊索福克勒斯的戏剧的基础创作另一部独幕歌剧《艾蕾克特拉》时,音乐界还没有从莎乐美的情欲之舞中恢复过来。艾蕾克特拉活着只有一个目的:看到她的母亲被处死,因为她母亲跟情人合谋害死丈夫(艾蕾克特拉的父亲)。当她失踪的兄弟回来杀死母亲及其情人时,艾蕾克特拉欣喜若狂,并在一场异乎寻常的舞蹈中死去。这在当时是邪恶和可怕的作品。《纽约时报》评论员对《艾蕾克特拉》的评论是:"这是令人吃惊的瞎胡闹的管弦乐,总谱中没有任何可以称之为音乐的东西,对歌唱演员和演奏者身体及精神上的承受能力提出了超乎常人的要求。乐团神奇的模仿效果达到了令人毛骨悚然的激烈程度。幸好对听众来说这部歌剧还没有长到令人神经受不了。"然后理查·施特劳斯逐渐销声匿迹。

两年后,施特劳斯创作了一部性质完全不同的杰作——《玫瑰骑士》,这是一部轻松愉快的谐歌剧,当时和现在都受到评论家的称赞。有些人认为它是施特劳斯最具灵感的作品,所有的人都认为它是他最可爱的作品。整个作品充满柔情、有同情心、非常迷人。

交响诗的完美者

李斯特被认为是交响诗的创造者,而施特劳斯则使交响诗达到完美。交响诗没有演员、叙述者、歌唱者或话语,它是为了讲个故事或传达一个信息。为了这种标题音乐,作曲家为听众提供了某种程度的提示。一个例子是施特劳斯关于他的交响诗《查拉图斯特拉如是说》的说话,这首交响诗取材自哲学家尼采的作品:"第一乐章:日出。人感到上帝的力量,虔诚的膜拜。但人仍然在渴求。他沉浸在激情中(第二乐章)但得不到安宁。他转向科学,徒劳无功地想在一首赋格中解决人生的问题(第三乐章)。然后响起悦耳的舞曲,他成为一个神人,他的灵魂直冲云霄,而作品则远远落在他下面。"

排行榜上没有哪位作曲家像施特劳斯那样在他的交响诗中创作出更为现实、更富于描写性的声音:羊群的叫声、刮风声、鹅群嘎嘎叫声、马蹄声、锅碗撞击声、雷雨声。莫扎特也没有试图这样做。

施特劳斯出生于慕尼黑,大半住在德国,20世纪30年代初期讨好希特勒和第三帝国,但后来有段时期遭到软禁,最后在瑞士度过余生。1948年慕尼黑的非纳粹化法庭解除了他与纳粹合作的罪名,但这未能使那些认为他与希特勒合作共事时间太长的批评者信服。他于 1949 年 85 岁时在巴伐利亚阿尔卑斯山境内去世，被公认是个巨人。

概括言之，理查·施特劳斯是一个传统的后期浪漫主义作曲家，他在 25 岁前后成为激进派有 10 年之久，这段期间以一系列交响诗和两部先锋派歌剧震惊音乐界，然后在他漫长的 85 年生命的后半期又慢慢变得更加合乎传统。他的名声以及他在排行榜上名列第二十位，主要来自他相对忙碌的实验时期。虽然说他是"伟大的机会主义者"的马勒等人对他没什么好印象，但施特劳斯由于其实验性作品，在今天已被认为是 20 世纪的顶尖作曲家之一。

巴尔蒂斯

巴尔蒂斯（1908—2001年），法国当代著名画家，被毕加索称为"20世纪最伟大的画家"。巴尔蒂斯原名巴尔扎塔夫，"巴尔蒂斯"是他从艺后使用的笔名。1908年，巴尔蒂斯出生在巴黎的一个波兰贵族家庭，父亲是一个美术史学家和画家，母亲也在绘画上很有建树。巴尔蒂斯的家庭和当时法国著名的艺术家都有交往，这使幼年的巴尔蒂斯耳濡目染。少年时便显露出过人的才华，早年的许多作品便颇受名家赞赏。

巴尔蒂斯

1934年，巴尔蒂斯在巴黎举办第一次个人展览，精心描绘的反映现实生活的作品洋溢着梦幻般的氛围，给人以深刻的印象。此后他埋头创作，极少与外界交往。他杰出的艺术成就获得西方社会、尤其是知识精英的极高评价。1961年法国文化部长任命他为名声显赫的罗马法兰西学院院长，此后巴尔蒂斯隐居瑞士。

巴尔蒂斯的生平

巴尔蒂斯从小就对艺术有着广泛的兴趣,尤其是对绘画一道有着强烈的迷恋,在他13岁时就出版了一套为中国故事创作的连环画,虽然称不上是什么绝顶的作品,但画家的奇异气质却已经充分地显露出来了。巴尔蒂斯也是个孤独的画家,在现实中离群所居的同时,带着一层扑朔迷离的神秘色彩。他善于从普通平凡的生活场景中揭示人的心理活动,幼年时的偏执心理经常在画中体现,在或冷漠或平淡和诡黠的画面(如《街道》《山》)中似乎包含着一种莫名的思考。这种思考出奇地深刻,深刻中又融入了一层诗意般的抒情气氛,更为客观的作用便是谁也无法说清画家的创作意图。

1960年至1977年,巴尔蒂斯被任命为罗马法兰西艺术学院院长,这期间他访问日本,彻底地迷醉于浮世绘艺术中。他绘画的色彩变化更加微妙,整体强调一种艺术装饰感,利用统一的视觉效果,凝造了一种介于东洋和西洋间的特殊观感。这次日本之行,巴尔蒂斯还有一个对他人生来讲更大的收获——他结识了做他模特的日本女子山田节子,不久这个异国美人儿成了他的第二任夫人。巴尔蒂斯对这位娇柔的太太十分宠爱,他的许多作品都是以山田节子为原形绘制的(《红桌日本女子》《黑镜日本女子》)。

浪漫主义、印象派运动把绘画从古典主义割裂的静止发展到了运动乃至分散的艺术模式，而巴尔蒂斯却重新把"静止"请回了绘画，他的一些作品中，画面所呈现的景象似乎永远地停留在那里，超越了语言的描述看不到"何所来，何所去"，这一点做得比古典派还要绝对。在《飞蛾》一画中，女体似乎是要捕捉灯前的飞蛾，但她的动作却令人匪夷所思，是轻柔的，亦或强烈的，还是不经意的？这没有来由的动作贯穿了画面，静止的一刹那有着一种怅惘的神秘感。这幅画在巴尔蒂斯的创作生涯中还有另外一个重要意义，以前他使用传统的油画颜料作画，从这幅画开始他采用酪蛋白调和的颜料作画。由此而制造出的优美雅致的肌理效果，并使厚涂的颜料表现出各种色调的微妙变化。

巴尔蒂斯天性敏锐孤僻，爱好文学，特别是他对猫儿的喜爱到了无以复加的程度，他还为自己起了"猫王"的绰号。在他的许多作品中，猫以旁观者的形象出现（《起床》），带有一种浓厚的情绪色彩的心理描绘，实际上是他对人类隐私揭示后的自我暗示满足感的体现。谜一样的气氛中弥漫的是不安的暗示，猫的形象正是这种暗示的最好诠释。

《房间》是巴尔蒂斯最为著名的作品，这似乎更像是来自梦魇中的一幕，肉感的女裸，猥琐的侏儒，不期而至的阳光，仿佛感受到了痛苦和快乐的重叠。而黑暗中窥视的猫又显得那么的神秘诡谲，它是无所不在的隐秘的化身。作品超脱了寓意、色彩、光感、动静等一切绘画评议因素，勾起了观者内心那种略带残忍的无言感觉。

20世纪70年代末，巴尔蒂斯隐居瑞士，并把自己的工作室也搬到了那里，云杉清风，夕阳晴雪使他的艺术更加纯粹、更加个性化、也更加充满歌吟式的感情（《休息的裸女》《侧立的裸女》）。这个时期的作品中，人物总是处在似睡非睡的朦胧状态，女体有着椅中像花般的不胜凉风的娇媚之态，倦怠的梦境与冷酷的画面形成巨大的反差，使整体基调充斥着闲逸和轻松，同时画家又大量使用柔适的颜色为作品增添云石般的光华感觉，有效地烘托了人物的内心活动。

巴尔蒂斯的世界是纯平面的、纯静止的，延展开的平面像一张幼稚而无形的网，似乎在以一种不可思议的永恒存在超脱那无时不在的时间，从古而今，再也没有第二个人能如此将时间玩弄于掌上，完成一种纯粹的理性膜拜。巴尔蒂斯一生从未进过艺术学院学习，他依靠自己的勤奋努力和始终不渝的艺术信念而获得成功。在现代派艺术大行其道的西方，他始终不向时尚妥协，坚持用写实的手法表达自己作为现代画家的真实感受，他的人物画、静物画和风景画，都是以极其严肃认真的态度进行思考和描绘的产物。他的人品同作品一样沉博艳丽，拒绝将自己的艺术作为获取名利的工具。

巴尔蒂斯的绘画援引历史、神话和画家的作品，但并不涉及历史，他留下的只有姿态、礼仪和表现手法。通过画面的几何和建筑结构，通过人物的姿态和画面的布局，来表达对古典绘画的继承或扬弃，使表现的事物超越时间的视觉顺序。巴尔蒂斯画中的人体的姿态是僵硬的，但是永恒的。巴尔蒂斯画中的人物的线条是没有表情的，它们通过画面的色序来表现，这也是一种激情，人体不再独立存在，它与画的整体混合一体。巴尔蒂斯描绘少女的裸体，是些无名的幻影。在他的画面里，一些以性器官为中心的人体割裂形式，打上了他激情的现代印记。毕加索曾这样评价他的朋友：巴尔蒂斯是20世纪最伟大的画家。